Radeln & Wandern durch Alpentäler

Armin Scheider

Radeln & Wandern durch Alpentäler

Erlebnistouren zwischen Berchtesgaden und Oberstdorf

RV Verlag

Für die freundliche Unterstützung danken Autor und Verlag dem Fremdenverkehrsverband München-Oberbayern e. V., der Münchner Verkehrs- und Tarifverbund GmbH, der Deutschen Bahn AG Direktion München sowie dem ADAC, München.

© 1996 RV Reise- und Verkehrsverlag GmbH, München · Stuttgart
Alle Rechte vorbehalten. Reproduktionen, Speicherung in Datenverarbeitungsanlagen, Wiedergabe auf elektronischen, fotomechanischen oder ähnlichen Wegen, Funk oder Vortrag – auch auszugsweise – nur mit ausdrücklicher Genehmigung des Copyrightinhabers.

Redaktion und Koordination: Dr. Jörg Theilacker, Prisma Verlag GmbH, München
Kartographie: GeoData, Stuttgart
Fotos und Tourenskizzen: Armin Scheider, Taufkirchen
Buchgestaltung: Hubertus Hepfinger, Freising

Satz: Buchmacher Bär, Freising
Litographie: Studio Europa, Gardolo
Druck, Verarbeitung: Pinsker Verlag GmbH, Mainburg
Printed in Germany
ISBN 3-575-11093-X

1 2 3 4 5   00 99 98 97 96

Inhalt

Vorwort *6*
Einführung *7*

Verhalten in den Bergen *11*
Die Radtouren – Übersicht *12*
Die Wanderungen – Übersicht *15*

Karten-Übersicht:
Berchtesgadener und Chiemgauer Alpen *18*
Karten-Übersicht: Mangfall-
und Karwendelgebirge, Werdenfelser Land *20*
Karten-Übersicht:
Ammergebirge und Allgäuer Alpen *22*

Fahrradausstattung *24*
Fahrradtransport *27*
Mieten von Fahrrädern *29*
Fahrradverleih im Überblick *31*
Verkehrszeichen *32*
Legende zu den Tourenskizzen *33*

Radtouren
(Tour R 1 bis R 30) *34*

Wanderungen
(Tour W 31 bis W 40) *154*

Register *184*

Vorwort

Drei attraktive Ziele locken die Ausflügler in Oberbayern besonders: die Landeshauptstadt München, die großen Seen des Alpenvorlandes und nicht zuletzt die Berge.

Diese Ausflugsschwerpunkte spiegeln sich auch in der Reihe *Radeln & Wandern* des RV Verlags wider: Nach den bereits erschienenen Tourenbänden *Rund um München* und *Rund um oberbayerische Seen* widmet sich das vorliegende Buch den Alpen, genauer gesagt, schönen Gebirgstälern und aussichtsreichen Höhenwegen. Sie finden hier 30 Radtouren und zehn Wanderungen im bayerisch-österreichischen Alpenraum – von Berchtesgaden bis Oberstdorf.

Was bieten Ihnen diese Alpentouren?

Zuallererst das großartige Naturerlebnis! Insbesondere die landschaftliche Vielfalt fasziniert: Sie reicht von parkartigen Regionen bis zu wildromantischer Urlandschaft, von sanften Buckeln und Almwiesen bis zu schroffen Felswänden, von einsamen Bergwäldern bis zu malerisch gelegenen Seen und Dörfern. Gekrönt wird das Ganze von weiten Ausblicken, die mancherorts atemberaubend schön sind.

Es darf aber nicht verheimlicht werden, daß auf den Touren zum Teil kräftige Steigungen zu überwinden sind, die doch etwas Kondition voraussetzen. Aber keine Angst! Ein bißchen körperliche Anstrengung gehört immer dazu, sie trägt zu Ihrer Fitneß bei.

Keine Extremtouren

Alle Touren sind benutzer- und umweltfreundlich angelegt. Sie brauchen weder eine spezielle Bergausrüstung noch ein »Superbike«. Vorgegebene Wege werden in keinem Fall verlassen. Einige Touren sind auch für Kinder geeignet. Kurz gesagt: Sie finden in dieser Sammlung schöne und fordernde Ausflüge – aber keine Extremtouren!

Also dann: Auf in die Berge. Autor und Verlag wünschen Ihnen viel Freude beim Radeln und Wandern durch Alpentäler!

Ihr
Armin Scheider

Einführung

Nachfolgende Hinweise und Übersichten bieten Hintergrundinformationen zu den Touren und erleichtern Ihnen den Umgang mit dem Buch.

Tourenaufbau
Jede Radtour besteht aus vier Seiten und enthält notwendige Grundinformationen wie Tourencharakter, Streckenmerkmale, Höhenprofil, besondere Tourenhinweise sowie Tourenskizze und Streckenbeschreibung. Die Wanderungen sind auf drei Seiten dargestellt.

Tourencharakter
Darunter versteht man ein zusammenfassendes Tourenurteil, bei dem der Anforderungsgrad, der landschaftliche Eindruck sowie Verlauf und Besonderheiten der Strecke angesprochen werden.
Eine Tour kann folgende vier Anforderungsgrade haben:

Grad I	**leicht**
Grad II	**mäßig anstrengend**
Grad III	**mittelschwer**
Grad IV	**sehr anstrengend**

Diese Grade wurden über Streckenlänge und Steigungen ermittelt und dienen vor allem dem Vergleich der Touren untereinander. Die persönlich empfundene Anstrengung kann von dieser Wertung abweichen.

Fahr- und Gehzeiten
Die angegebenen Zeiten sind reine Fahr- oder Gehzeiten während der Tour. Nicht enthalten sind Pausen und Besichtigungen sowie die An- und Rückfahrt mit Auto oder Bahn. Folgende Durchschnittsgeschwindigkeiten liegen den Zeitangaben zugrunde:

Radeln	**10 km/h**
Wandern	**4 km/h**

Steigungen und Abfahrten sind bei den Zeiten berücksichtigt. Alle Zeit- und Entfernungsangaben in diesem Buch sind **Circa-Werte**!

Straßen und Wege
Angesprochen wird der Belag, z. B. Teer oder Schotter. Sie sollten sich in den Alpen eher auf grob geschotterte, steinige und holprige Forst- und Bergwege einstellen, vor allem abseits der Hauptwege.

Steigungen und Gefälle
Bei den Radtouren werden leichte und stärkere Steigungen unterschieden. Durchschnittlichen Konditionsstand und ein normales Tourenrad mit Schaltung vorausgesetzt, gilt die Annahme:
- ▶ Leichte Steigungen können Sie noch fahren.
- ▶ Bei stärkeren Steigungen müssen Sie schieben.

Alle Angaben zu Steigungen und Abfahrten sind ungefähre Werte!

Richtwerte sind auch die **Höhenmeter**, mit denen der Steigungscharakter einer Wanderung ausgedrückt wird. Bei leichteren Touren sind meist weniger als 300, bei schwereren dagegen 600 oder mehr Höhenmeter (aufwärts) zu bewältigen.

Die überwundenen Höhenmeter während einer Wanderung und der Höhenunterschied dieser Route müssen nicht unbedingt gleich sein. Der Höhenunterschied ist ja der direkte Abstand zwischen dem niedrigsten und dem höchsten Punkt der Strecke. Dagegen ergeben sich die erwanderten Höhenmeter aus der Summe aller Anstiege und Gefälle.

Höhenunterschied und Höhenmeter (aufwärts) sind nur dann identisch, wenn der Weg vom Start bis zum Ziel *durchgehend* ansteigt.

Kritische Stellen
Kritisch sind Streckenpunkte oder -abschnitte, wo sich bei unvorsichtiger Fahr- oder Gehweise Gefahren ergeben können. Darunter fallen z. B. ungesicherte Wege an Steilhängen, extremes Gefälle auf Schotter oder besonders starker Verkehr.

Höhenprofil
Aus ihm werden der Höhenunterschied und die grobe Verteilung der Steigungen auf die Strecke ersichtlich. Es vermittelt einen Eindruck vom Steigungscharakter der Tour. Ein Höhenprofil dieser Größe kann jedoch nicht jeden Buckel wiedergeben, dient also nur als Anhalt. Die Profile lassen sich nicht maßstabsgenau miteinander vergleichen.

Fahrradempfehlung
Hier erfahren Sie, welches Fahrrad und welche Ausrüstung für die jeweilige Tour erforderlich und sinnvoll sind. Manche Touren können Sie mit einem einfachen Alltagsrad fahren, andere setzen ein anspruchsvolleres Vehikel voraus. Einzelheiten zur Klassifizierung und Ausstattung der Räder finden Sie auf den Seiten 24 ff.

Mit Kindern unterwegs

Jede Tour enthält einen Vermerk darüber, inwieweit sie auch für Kinder geeignet ist. Das Gebirge bietet zwar viele Anreize, die Tourenverhältnisse sind aber leider oft ziemlich ungünstig für kleine Kinder: Kräftige Steigungen, relativ steile Abfahrten auf grobem Schotter und ungesicherte Wege an Steilhängen überfordern oft das kindliche Leistungsvermögen. Deswegen sollten Sie gerade bei kleinen Kindern gut überlegen, ob diese oder jene Tour auch für Ihr Kind bzw. Ihre Kinder geeignet ist. Bei leichteren Touren oder schon größeren Kindern spricht prinzipiell nichts gegen die Mitnahme von Kindern.

Sehenswertes am Wege

Landschaftliche, kunstgeschichtliche und technische Sehenswürdigkeiten an oder nahe der Strecke werden kurz dargestellt. Hauptquelle der kunstgeschichtlichen Angaben ist das *Handbuch der deutschen Kunstdenkmäler* von Georg Dehio, Band Bayern IV: München und Oberbayern, München 1990. Die mit ● gekennzeichneten Denkmäler sind nach Dehio kunstgeschichtlich besonders bedeutsam.

Die Hinweise auf die Sehenswürdigkeiten in diesem Buch können Sie nur aufmerksam machen. Bei weitergehendem Interesse ist es ratsam, sich einen geeigneten Natur- oder Kunstführer mitzunehmen.

Einkehr

Radeln & Wandern durch Alpentäler bietet Ihnen eine Auswahl an Hotels, Gasthöfen, Almhütten und Cafés. Viele der genannten Gasthöfe wurden schon ausgezeichnet. Aber auch die anderen Häuser sind durchwegs empfehlenswert.

Die **Ruhetage** stehen jeweils in Klammern und gelten nur für die Sommermonate. Im Winterhalbjahr können andere oder zusätzliche Ruhetage festgelegt sein. Bei schönem Wetter haben manche Häuser ihren Biergarten auch am Ruhetag geöffnet.

Abstecher

Hingewiesen wird auf empfehlenswerte Abstecher zu landschaftlichen oder kulturellen Attraktionen *abseits* der Strecke. Bedenken Sie jedoch, daß solche Unternehmungen meist zeitaufwendig sind und den Tourenplan durcheinanderbringen können. Es werden nur solche Abstecher genannt, die zusammen mit der eigentlichen Tour noch gut zu schaffen sind.

Tourenskizzen

Die Tourenskizzen bieten ein maßstabsgerechtes, kartenähnliches Bild, das die wichtigsten Merkmale der Route enthält. Sie erkennen auf Anhieb den Tourenverlauf und können sehen, welche Orte und Landschaftsteile berührt oder passiert werden. Viele der Touren können Sie allein nach diesen Skizzen fahren oder gehen, weil ein Abweichen von der Strecke so gut wie nicht möglich ist.

Empfehlung: (Rad-)Wanderkarte mitnehmen

Zusätzlich sollten Sie dennoch eine der in den Skizzen empfohlenen Karten mitnehmen, weil komplizierte Abzweigungen oder Ortsdurchfahrten in den Tourenskizzen nicht genau genug dargestellt werden können. In jeder Tourenskizze finden Sie die Angabe der empfohlenen (Rad-)Wanderkarten, oft Karten des Bayerischen Landesvermessungsamtes (BLVA), RV Regio Cart oder Kompaß-Wanderkarten. Zusätzlich wird der Maßstab der (Rad-)Wanderkarten angegeben.

Individuelle Gestaltung der Touren

Die Touren und Wanderungen werden vom Ausgangspunkt bis zum Endpunkt beschrieben. Natürlich können Sie den Ausgangspunkt der Tour verlegen oder die Fahrt- bzw. Gehrichtung umkehren. Dabei ändert sich unter Umständen der Steigungscharakter der Tour.

Gewährleistung

In diesem Buch wurde eine Fülle von Einzeldaten und Informationen verarbeitet. Trotz großer Sorgfalt und wiederholter Korrektur lassen sich jedoch einzelne Druckfehler, kleinere Unstimmigkeiten oder Fehlinformationen nicht ganz ausschließen. Eine rechtliche Gewähr für die Richtigkeit des Inhalts kann daher nicht übernommen werden.
Wenn Sie großen Wert auf ein Detail einer Route legen, dann empfehlen wir Ihnen, sich diese Angabe vorher telefonisch bestätigen zu lassen, z. B. die Öffnungszeit eines Museums, das Sie unbedingt besuchen wollen, oder den Ruhetag eines Gasthofes, in dem Sie gerne essen möchten.

Hinweise auf Veränderungen

Für Informationen über Veränderungen und Hinweise auf Fehler sind Autor und Verlag dankbar. Bitte schreiben Sie an: RV Reise- und Verkehrsverlag GmbH, Redaktion Radeln & Wandern, Neumarkter Straße 18, 81673 München.

Verhalten in den Bergen

Jeder hat das gesetzlich verbriefte Recht, sich in freier Natur zu erholen und die Schönheit der Landschaft zu genießen. Sie dürfen auch auf Privatwegen in freier Natur wandern, bei Eignung der Wege auch radeln. Fußgänger haben grundsätzlich Vorrang, sie dürfen aber die Radfahrer nicht unnötig behindern.

In den nachfolgenden **zehn Grundregeln** erfahren Sie, worauf Sie als Radler und Wanderer in den Bergen besonders achten müssen:

1. **Tourenplanung**: Befassen Sie sich vorher mit der geplanten Tour. Führen Sie grundsätzlich eine geeignete Karte mit, auch wenn die Tourenskizze ausreichen würde!
2. **Kleidung**: Erforderlich sind festes Schuhwerk, wärmende Kleidung (auch im Sommer) und Regenschutz. Sandalen, Shorts und T-Shirt haben auf Bergtouren nichts zu suchen!
3. **Leistungsvermögen**: Überschätzen Sie Ihre Fähigkeiten nicht. Wenn eine Überforderung abzusehen ist, sollten Sie auf jeden Fall abkürzen oder umkehren!
4. **Wegenetz**: Bleiben Sie stets auf festen Wegen und Straßen; vor allem im Wald, in Naturschutzgebieten und bei feuchtem Untergrund.
5. **Fahrweise**: Radeln Sie mit Vernunft: Keine rasenden Abfahrten, vorsichtiges Passieren von Fußgängern, Absteigen an kritischen Stellen!
6. **Beschilderung**: Halten Sie sich möglichst an Wegemarkierungen, und beachten Sie grundsätzlich Warn-, Verbots-und Verkehrsschilder, auch wenn Sie allein auf weiter Flur sind!
7. **Tiere und Pflanzen**: Niemals Tiere aufscheuchen oder gar jagen. Schließen Sie beim Durchqueren umzäunter Areale die Gatter wieder. Blumen und Sträucher nicht mutwillig abreißen, auch wenn sie nicht ausdrücklich geschützt sind!
8. **Feuer und Lärm**: Feuer und Rauchen sind im Wald verboten, sollten aber auch in offenem Gelände vermieden werden. Genießen Sie die Stille, und vermeiden Sie jeden Lärm!
9. **Proviant und Abfall**: Nehmen Sie möglichst immer eine Kleinigkeit zu essen und auf jeden Fall Getränke mit. Hinterlassen Sie aber niemals Abfälle in freier Natur!
10. **Grenzübertritt**: Führen Sie stets einen Ausweis mit sich. Verhalten Sie sich im Ausland höflich, und respektieren Sie die dort geltenden Bestimmungen und Gepflogenheiten!

Übersicht Radtouren

Nr.	Tourentitel	Gesamtlänge der Strecke	Gesamtlänge aller Steigungen	Reine Fahrzeit	Höhenunterschied	Anforderungsgrad
		km	km	Std.	m	
R 1	Über den Dächern von Berchtesgaden	31	6,5	3	540	III
R 2	Zwischen Hochkalter und Reiteralpe	26	5	2,5	510	II
R 3	In den Bergtälern um Reichenhall	32	4	3	150	I
R 4	Abstecher in den Rupertiwinkel	40	7,5	4	380	IV
R 5	Rund um den Rauschberg	30	6	3	340	III
R 6	Fahrt zum Röthelmoos	30	4	3	230	II
R 7	Fahrt nach Reit im Winkl	50	6,5	5	180	IV
R 8	Beiderseits des Tiroler Achen	34	4	4	160	II
R 9	Kaiserpanorama am Walchsee	33	7,5	3,5	460	III
R 10	Über den Thiersee nach Kufstein	30	4,5	3	220	II
R 11	In den Schlierseer Bergen	41	7	4	380	IV
R 12	Zur Erzherzog-Johann-Klause	50	12,5	5	370	IV
R 13	Auf der Schwarzentenn-Alm	34	5	3,5	310	III
R 14	Durch die Jachenau zum Walchensee	43	4,5	4	180	III
R 15	Unberührtes Bergland im Dürrachtal	22	3	2	340	I

Nr.	Tourentitel	Gesamtlänge der Strecke	Gesamtlänge aller Steigungen	Reine Fahrzeit	Höhenunterschied	Anforderungsgrad
		km	km	Std.	m	
R 16	Zum Ahornboden in der Eng	50	7	4,5	420	IV
R 17	»Genußradeln« im Karwendeltal	40	5,5	4	410	III
R 18	Zur Kasten-Alm unter Felsgipfeln	43	5	4	310	III
R 19	Radlparadies »Leutascher Tal«	31	4,5	3	290	II
R 20	Rund um den Kranzberg	23	5	2,5	180	II
R 21	Quer durchs Estergebirge	28	5,5	3	260	II
R 22	Traumtour an der Loisach	49	1,5	4	140	II
R 23	Über Ettal nach Oberammergau	43	6	4	280	III
R 24	Vom Loisachgrund ins Graswangtal	48	6	4,5	540	IV
R 25	Wetterstein und Mieminger Kette	35	4	3	690	II
R 26	Durchs Lechtal zum Plansee	45	5,5	4	210	III
R 27	Rund um Burgruine Falkenstein	28	4,5	2,5	140	I
R 28	Bilderbuch-Fahrt im Tannheimer Tal	36	4,5	3	300	II
R 29	Entlang der Ostrach zum Giebelhaus	29	3,5	2,5	250	II
R 30	Südlichster Radkurs Deutschlands	36	5,5	3,5	500	III

Die Radtouren

Radeln durch Gebirgstäler und über Höhenwege – das ist wohl die schönste Art, die Berge näher kennenzulernen. Nicht nur, weil sich fast überall reizvolle Landschaftsbilder und prächtige Ausblicke auf die umliegenden Berge zeigen.

Ein besonderer Pluspunkt liegt auch darin, daß Sie mit dem Rad in abgelegene Bergregionen vordringen können, die Ihnen sonst wohl verschlossen blieben, eben weil die Wege dorthin für Autos gesperrt sind und Wanderungen zu Fuß wegen der großen Entfernungen kaum in Frage kommen.

30 Radtouren in den Bayerischen Alpen

Dieser Radwanderführer bietet Ihnen 30 erlebnisreiche Radtouren durch die großen Naturräume der Bayerischen Alpen, angefangen von den Berchtesgadener und Chiemgauer Bergen über Mangfall-, Karwendel- und Wettersteingebirge bis hinüber zu den Ammergauer und Allgäuer Alpen.

13 von 30 Touren überschreiten die Grenze nach Österreich und verlaufen damit streckenweise auch durch Nordtiroler Alpengebiet. Vergessen Sie bei diesen Touren Ihren Ausweis nicht.

Besonderheiten in Österreich

Hier ist ein besonderer Hinweis erforderlich: In Österreich gilt auf Forstwegen ein allgemeines Fahrverbot – auch für Fahrräder. In der Praxis jedoch sind viele Wege freigegeben, was Sie an den Radschildern erkennen.

Manchmal werden Fahrräder auch stillschweigend geduldet, so jedenfalls die Auskunft einiger Verkehrsämter. Sie sollten Ihr Rad immer dann schieben, wenn ein Radverbotsschild aufgestellt ist. Im Zweifelsfall bitte nachfragen oder schieben!

Routenführung

Zwei Drittel aller Radtouren sind Rundfahrten, d.h. Start- und Zielpunkt sind identisch. Ein Drittel der Touren führt über den gleichen Hin- und Rückweg. Sie starten mit Ausnahme der Ehrwald-Tour (R 25) alle auf deutschem Boden und enden – wieder bis auf die Tour R 25 – alle wieder am Ausgangspunkt.

Die Wanderungen

Obwohl der bayerische Alpenraum schier unbegrenzte Wandermöglichkeiten bietet, sind aus Platzgründen hier nur zehn Wanderungen aufgenommen – dafür aber besonders schöne!
Es handelt sich weniger um herkömmliche Gipfeltouren als vielmehr um Wanderungen, die aufgrund ihrer reizvollen Route oder ihres attraktiven Ziels hervorragen. Darunter fallen Höhenwege mit schönen Aussichten wie der Weg über dem Tegernsee oder dem Ammertal oder prächtige Aussichtspunkte à la Feuerpalven und Jochberg. Auch schluchtartige Felseinschnitte gehören dazu, so z. B. die Wimbach- und die Höllentalklamm.

Keine Extremtouren

Für Wanderungen wie für Radtouren gilt gleichermaßen: Extreme Unternehmungen werden nicht angeboten. Dennoch sind einige Touren ziemlich lang und steigungsintensiv, so vor allem die Wanderung W 31. Bei einigen Strecken ist stellenweise auch etwas Vorsicht geboten, z. B. auf ungesicherten Wegen am Steilhang. Alles in allem aber sind die meisten Touren in ihrer Routenführung harmlos und z. T. sogar für Kinder geeignet.

Hinweis zu den Tourenräumen

Neun der zehn Touren starten und verlaufen auf deutschem Boden. Lediglich Tour W 34 – die Wanderung im Kaisertal – führt vom Start bis zum Ziel durch österreichisches Gebiet.

Kombinationsmöglichkeiten

Bei den kürzeren Touren W 34, W 35, W 37, W 38 und W 40 stellt sich die Frage, ob die weite Anfahrt von München aus gerechtfertigt ist. Doch den Tag aktiv auszufüllen dürfte kein Problem sein. Entweder Sie erweitern das Besichtigungsprogramm, was im Chiemgau oder im Werdenfelser Land leicht ist, oder aber Sie kombinieren eine kurze Wanderung mit einer kürzeren Radtour.
Wer frühzeitig von zu Hause aufbricht kann beispielsweise W 33 mit R 6, W 35 mit R 13, W 37 mit R 22 sowie W 40 mit R 27 verbinden. Aber bitte bedenken Sie, daß solche Unternehmungen ein gehöriges Maß an Kondition voraussetzen.

Übersicht Wanderungen

Nr.	Tourentitel	Gesamtlänge der Strecke	Reine Gehzeit	Höhenmeter aufwärts	Höhenunterschied	Anforderungen
		km	Std.	m	m	
W 31	Gebirgspanorama am Gotzenplateau	20	9	1250	590	IV
W 32	Zwischen Watzmann und Hochkalter	18	5,5	780	690	III
W 33	Auf der Winklmoos-Alm	10	3	450	390	I
W 34	Im Kaisertal nach Hinterbärenbad	17	5,5	590	380	III
W 35	Auf dem Tegernsee-Höhenweg	12	3,5	300	150	I
W 36	Prachtaussicht vom Jochberggipfel	16	5,5	880	780	III
W 37	Mit Wetterstein-Blick durchs Loisachtal	13	4	100	70	I
W 38	Oberammergau aus der Vogelperspektive	10	3	200	160	I
W 39	Im Höllental der Zugspitze entgegen	12	4,5	660	620	II
W 40	Streifzug durch den Königswinkel	14	4	300	170	II

Ehrwalder Alm

Burg Hohenschwangau

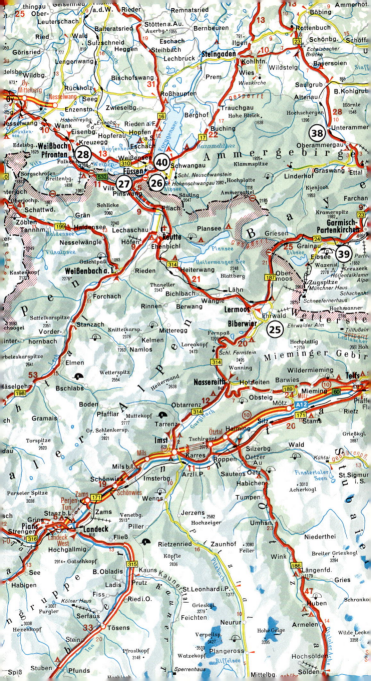

Fahrradausstattung

Wer sich an die Radtouren dieses Buches macht, sollte ein technisch solides und gut ausgestattetes Fahrrad besitzen. Es muß keineswegs ein High-Tech-Bike sein, ein uralter Drahtesel aber macht bei diesen Touren auch keine Freude mehr.

Welches Fahrrad für das jeweilige Tourengebiet angebracht ist, erfahren Sie bei den einzelnen Radtouren unter der Rubrik »Fahrradempfehlung«.

Zwei Forderungen sollte Ihr Fahrrad auf jeder Tour erfüllen:

▶ Sie brauchen eine sichere **Bremse**, bestehend aus zwei unabhängig voneinander wirkenden Systemen.

▶ Das **Gewicht** des Rades sollte möglichst gering sein, also bei etwa 10 kg bis höchstens 15 kg liegen.

Sicherheitsausstattung

Die **Sicherheitsausstattung** Ihres Fahrrads muß nach der Straßenverkehrszulassungsordnung (StVZO) enthalten:

▶ Eine Glocke
▶ Zwei voneinander unabhängige Bremsen
▶ Einen Scheinwerfer vorne (weißes Licht)
▶ Einen weißen Strahler vorne
▶ Einen roten Rückstrahler (Katzenauge)
▶ Eine rote Schlußleuchte
▶ Einen roten Großflächenstrahler nach hinten
▶ Gelbe Rückstrahler an beiden Pedalseiten (Tretstrahler)
▶ Je zwei gelbe Seitenstrahler in den Speichen der Räder

Fahrradtypen

Für die Radtouren durch Alpentäler kommen in Betracht:

▶ **Normales Tourenrad**: Alltagstaugliches und vielseitig einsetzbares Leichtlaufrad mit hohem Rahmen und Naben- oder Kettenschaltung. Relativ schwer. Mittelbreite Bereifung, bequemer Sattel und Tourenlenker. Schutzbleche, Gepäckträger, Ausstattung gemäß StVZO.

▶ **All Terrain Bike** (ATB = Fahrrad für jedes Gelände): Kompakter Rahmen, etwas schwerer als das MTB. Breite, weniger profilierte Reifen, bequemer Sattel und Lenker. Naben- oder Kettenschaltung, Schutzbleche, Gepäckträger; Ausstattung gem. StVZO. Einsatz im Stadtgebiet, auch in den Vorbergen.

▶ **Reiserad / Trekkingbike:** Stabiles, relativ leichtes Rad. Rahmen etwas höher als beim MTB. Größere Räder mit mittelbreiten Reifen. Naben- oder Kettenschaltung. Tourenlenker und breiter Sattel. Schutzbleche, Gepäckträger und StVZO-Ausstattung. Geeignet für Tages- oder Ferntouren, fürs Gebirge breite Reifen.

Hinterautal im Karwendel

▶ **Mountainbike** (MTB): Der Favorit unter den Rädern! Leicht, bulliger Rahmen, Breitreifen mit Stollenprofil, schmaler Sattel und breiter gerader Lenker. Kettenschaltung. Oft fehlen Gepäckträger, Schutzbleche, Lichtanlage und Reflektoren. High-Tech-MTBs besitzen eine Voll- oder Teilfederung und wiegen kaum 10 kg. Einsatz vorwiegend in schwierigem Berggelände.

Gangschaltung

Räder ohne Gangschaltung sind längst »out«! Die Devise beim Radeln heißt Arbeitserleichterung und damit vor allem **Schaltung**.

▶ Die **Übersetzung** ergibt sich aus der Teilung: *Zähne des Kettenblattes vorne durch Zähne des hinteren Zahnrades,* Ritzel genannt. Je kleiner der Wert, desto bergfreudiger die Schaltung.

▶ Die **Entfaltung** wird aus *Übersetzung x Reifenumfang* ermittelt und drückt aus, welcher Weg bei *einer* Kurbelumdrehung gefahren wird. Je kürzer der Weg, desto bergtüchtiger die Schaltung. Entsprechende Ritzelwahl (mehr Zähne) verbessert die Bergqualitäten einer Schaltung.

▶ Der **Gesamtübersetzungsbereich** (meist in Prozent) sagt aus, wieviel mal weiter das Rad bei einer Kurbelumdrehung im größten

Gang gegenüber dem kleinsten fährt. *Beispiel:* Im kleinsten Gang einer Siebengang-Nabenschaltung fährt man bei einer vollen Kurbelumdrehung 2,48 m weit, mit dem größten Gang 7,10 m, also 2,86mal weiter = 286 %. Eine 21-Gang-Kettenschaltung liegt bei ca. 450 %.

Folgende Schaltungssysteme werden angeboten:

▶ **Dreigang-Nabenschaltung:** Schalteinheit in der Hinterradnabe, Rücktrittsbremse bleibt erhalten. Entfaltung im kleinsten Gang: ca. **3,10 m** (24-Zahn-Ritzel, 28-Zoll-Rad)

▶ **Fünfgang-** und **Siebengang-Nabenschaltung:** wie Dreigangschaltung, Rücktrittsbremse bleibt erhalten. Entfaltung im kleinsten Gang: Fünfgang rund **2,80 m**, Siebengang ca. **2,50 m** (je 24er-Ritzel und 28-Zoll-Rad).

▶ **Kettenschaltung**: Meist drei Kettenblätter vorne und sechs bis acht Ritzel hinten. Schalteinheit außen, frei zugänglich, aber auch anfälliger. Entfaltung im kleinsten Gang: ca. **1,70 m** (22er-Kettenblatt, 28er-Ritzel, 28-Zoll-Rad).

▶ **Kombinierte Naben-/Kettenschaltung**: Eine Dreigang-Nabenschaltung wird mit sieben Ritzeln hinten kombiniert. Entfaltung ähnlich der normalen Kettenschaltung.

Sonderausstattung

Jeder Touren- und Reiseradler sollte heute einen **Fahrradtacho** haben. Dieser erleichtert die Orientierung durch Entfernungsangaben.

Rißtal im Karwendel

Fahrradtransport

Eine leichte Übung ist es auch heute noch nicht, sein Fahrrad in das Tourengebiet zu transportieren. Zwei Möglichkeiten des Fahrradtransports bieten sich an:

▶ Mitnahme des Fahrrads auf dem Rad-Gepäckträger auf dem Auto
▶ Transport des Fahrrads mit der Eisenbahn

Autogepäckträger

Fahrrad-Transportsysteme haben inzwischen einen technisch guten Standard und werden in zwei Versionen angeboten:

▶ **Dachgepäckträger:** Bewährt und relativ preiswert. In Radhalterungsschienen auf dem Dachträger stehen bis zu drei Räder aufrecht. Am Auto sind keine baulichen Änderungen vonnöten. Größte Nachteile: gestörte Windströmung, Behinderung in Unterführungen und Garagen sowie kraftaufwendige Beladung.

▶ **Heckgepäckträger** in drei Typen: Träger auf dem Kofferraumdeckel oder an der Heckklappe (bei Kombis) sowie die Heckplattform. Letztere läßt sich am besten beladen (bis vier Räder), ist aber teuer und erfordert Umbauten am Auto. Die beiden anderen sind meist einfach anzubringen und zu beladen (maximal zwei Räder), außerdem relativ preisgünstig.

Watzmann und Hochkalter

Transport mit der Eisenbahn

Wer nicht mit dem Auto fahren kann oder will und trotzdem sein eigenes Rad dabeihaben möchte, kann die Eisenbahn nehmen. Bedenken Sie allerdings, daß die Eisenbahn nicht in alle Tourengebiete fährt. Wenn die Bahn denn fährt, dann u. U. in größeren Zeitabständen. Das erfordert entsprechende Tourenplanung.

Züge mit Fahrradmitnahme

In folgenden Zügen darf das Fahrrad mitgenommen werden:
▶ **Nahverkehr**

S-Bahn, Nahverkehrszüge, Regionalexpreß (RE) und Regionalbahn (RB). Die Räder werden in Gepäckwagen und -abteilen oder – sofern Platz vorhanden – in Einstiegsbereichen und Mehrzweckabteilen abgestellt. Das Angebot gilt bis maximal 100 km Entfernung.

▶ **Fernverkehr**

InterRegio (IR) und InterCityNight (ICN) sowie in den Fahrplänen extra gekennzeichnete InterCity, EuroCity und D-Züge. Abstellen der Räder in Fahrrad- und Gepäckabteilen oder -wagen.

Wichtig: Bei InterRegio und InterCityNight müssen Sie auf jeden Fall vorher reservieren.

Bahnverkehr

Die Übersicht auf Seite 31 zeigt, welche Ausgangsorte im oberbayerischen Tourengebiet mit der Bahn erreichbar sind. Informationen darüber, ob und wann ein Zug in das gewünschte Zielgebiet fährt und ob Sie Ihr Rad mitgeführen dürfen, erhalten Sie an folgenden Stellen:

▶ **Reiseauskunft München, Tel. 0 89/1 94 19**
▶ **Zielbahnhof (Tel. siehe Übersicht Seite 31)**

Großer Ahornboden in der Eng

Mieten von Fahrrädern

Wem sowohl das Verladen auf dem Auto als auch der Bahntransport zu lästig ist, der hat eine dritte Möglichkeit: Er mietet einfach ein Fahrrad am Ausgangsort der Tour und hat damit das Transportproblem los. Voraussetzung ist allerdings, daß Sie nicht unbedingt auf Ihr eigenes Rad angewiesen sind und sich rasch mit einem fremden Gefährt zurechtfinden. Zwei Angebote gilt es zu unterscheiden:
▶ Der Service »Fahrrad am Bahnhof« der Deutschen Bahn AG
▶ Fahrradverleih bei privaten/geschäftlichen Vermietern

Fahrrad am Bahnhof
Die Deutsche Bahn verleiht an einer Reihe von Bahnhöfen Fahrräder, und zwar auch an Nichtbahnfahrer. Was ist zu beachten?
▶ **Mietvertrag und Versicherung:** Am Vermietbahnhof wird unter Vorlage des Personalausweises ein Mietvertrag abgeschlossen. An Jugendliche unter 16 Jahren wird nur vermietet, wenn sie in Begleitung

Karwendeltal

eines Erwachsenen sind. Die Mietgebühr ist im voraus fällig und schließt eine Versicherung gegen Diebstahl, Raub oder Beschädigung des Fahrrades durch Dritte ein.

▶ **Preise:** Die Mietpreise sind von Bahnhof zu Bahnhof verschieden und können dort erfragt werden. Bahnkunden erhalten Ermäßigungen.

▶ **Rückgabe:** Zurückgegeben wird das Rad in der Regel dort, wo Sie es geliehen haben. Am Vermietbahnhof erfahren Sie, wo sonst noch eine Rückgabe möglich wäre. Wollen Sie das Fahrrad länger als vorgesehen behalten, müssen Sie sich vor Ablauf des Mietvertrages telefonisch die Verlängerung bewilligen lassen.

▶ **Information:** Ganz wichtig ist es, den Vermietbahnhof *vor* Reiseantritt anzurufen (Tel. siehe folgende Übersicht), um sich über die genauen Öffnungszeiten und den aktuellen Fahrradbestand zu informieren.

Private Verleihstellen

In den meisten Fremdenverkehrsorten Oberbayerns gibt es einen Fahrradverleih, meist in Sportgeschäften oder Bike-Shops. Adressen und Rufnummern dieser Anbieter können hier nicht aufgeführt werden.
Statt dessen finden Sie in der folgenden Übersicht die Rufnummer des zuständigen Verkehrsamtes oder der Gemeinde, wo Sie die Adressen und Telefonnummern der Fahrradvermieter erfahren können. Die Gemeinden informieren Sie nur, die eigentliche Bestellung erfolgt dann beim Vermieter.

Hintersee im Berchtesgadener Land

Fahrradverleih im Überblick

Tour-Nr.	Touren-Ausgangsorte	Fahrrad am Bahnhof	Privat-verleih	Verkehrsamt/Gemeinde
1	**Berchtesgaden**	nein	ja	0 86 52/96 70
2	Ramsau	nein	ja	0 86 57/98 89 20
3	**Bad Reichenhall**	0 86 51/39 17	ja	0 86 51/30 03
4, 5	Inzell	nein	ja	0 86 65/8 62
6, 7	**Ruhpolding**	0 86 63/17 13	ja	0 86 63/12 68
8	Grassau	nein	ja	0 86 41/23 40
9	Sachrang	kein Bhf	nein	0 80 57/3 78
10	**Oberaudorf**	nein	ja	0 80 33/3 01 20
11	**Fischbachau**	nein	ja	0 80 28/8 76
12	Rottach-Egern	ggf. Bhf Tegernsee	ja	0 80 22/67 13 47
13	Bad Wiessee	nein	ja	0 80 22/8 60 30
14	Leger/Lenggries	nein	nein	0 80 42/5 00 80
15	Fall	kein Bhf	nein	0 80 42/5 00 80
16	Vorderriß	kein Bhf	ja	0 80 45/2 77
17–20	**Mittenwald**	nein	ja	0 88 23/3 39 81
21–23	**Eschenlohe**	nein	ja	0 88 24/82 28
24	Oberau	nein	ja	0 88 24/83 05
25	**Ehrwald (A)**	nein	ja	00 43/56 73/23 95
26, 27	**Füssen**	0 83 62/63 13	ja	0 83 62/70 77
28	**Pfronten-Ried**	0 83 63/3 86	ja	0 83 63/69 80
29	Hindelang	kein Bhf	ja	0 83 24/89 20
30	**Oberstdorf**	nein	ja	0 83 22/7 00-0

Die **fettgedruckten Orte** besitzen einen Bahnhof. Diese Bahnhöfe bieten Zugverbindungen von und nach München Hbf.

Verkehrszeichen

Die meisten Verkehrszeichen gelten für Autofahrer *und* Radler gleichermaßen. Aber es gibt auch spezielle Verkehrszeichen nur für Radler oder Autofahrer. Einige Verkehrszeichen werden von Radfahrern immer wieder fehlgedeutet und verleiten so manchmal zu falschen Reaktionen. Dazu gehören:

Verbot der Einfahrt. Wenn Sie das Fahrrad schieben, dann können Sie passieren. Ist ein Gehweg vorhanden, müssen Sie ihn benutzen.

Verbot für Fahrzeuge aller Art, also auch für Räder. Aber: *Schieben* dürfen Sie Ihr Rad auch hier. Sie sollten stets den Gehweg benutzen, falls einer vorhanden ist.

Verbot für Radfahrer. Schieben Sie jedoch Ihr Rad, dann darf es auch auf solchen Straßen und Wegen mitgeführt werden.

Gemeinsamer Fuß- und Radweg. Der Weg *muß* vom Radler benutzt werden. Radfahrer haben auf Fußgänger Rücksicht zu nehmen.

Getrennter Rad- und Fußweg. Auch hier gilt: Der Weg *muß* benutzt werden, der Radler hat Rücksicht auf Fußgänger zu nehmen.

Gebotsschild für Fußgänger. Radfahren ist verboten. Schiebend darf das Rad aber mitgeführt werden.

Gebotsschild für Radfahrer. Der Weg *muß* benutzt werden und ist ausschließlich Radfahrern vorbehalten.

Verbot für Krafträder, Kraftwagen und sonstige mehrspurige Kraftfahrzeuge. Fahrräder dürfen ohne Einschränkung durchfahren.

Beginn einer Fußgängerzone. Sie ist ausschließlich Fußgängern vorbehalten. Fahrräder dürfen aber geschoben werden.

Legende zu den Tourenskizzen

- Bundesautobahn, Bundesstraße, Hauptstraße (starker Verkehr)
- Nebenstraße (mäßiger bis mittlerer Verkehr)
- Teer-/Schotterweg (wenig oder kein Verkehr)
- Eisenbahnlinie
- Grenze
- Bergbahn
- Stadt, Ort, Kleinsiedlung
- Fluß, Bach
- See, Weiher
- Wald
- Moorgebiet
- Markanter Berggipfel
- Einzelgebäude (z. B. Almhütte)
- Langgezogene/stärkere Steigung
- Besonders schöne Aussicht
- Richtungsempfehlung
- Route

R 1
Über den Dächern von Berchtesgaden

▷ Streckenlänge
31 km
▷ Reine Fahrzeit
3 Std.
▷ Anforderung
mittelschwer (III)

Tourencharakter

Eine mittelschwere Tour, bedingt durch den anfänglichen Aufstieg von fast 4 km. Sie verläuft am Osthang des Berchtesgadener Beckens bis Markt Schellenberg, dann im Tal der Berchtesgadener Ache zurück. Die ganze Strecke durch die Berchtesgadener Landschaft bietet wunderschöne Ausblicke auf die Gebirgsstöcke von Watzmann, Hochkalter, Reiteralpe, Hoher Göll und Untersberg.

Wege	4 km Schotterwege, sonst asphaltierte Straßen und Wege
Verkehr	Auflebender Verkehr vor allem in Berchtesgaden und stellenweise auf der B 319. Ansonsten wenig Autos.
Steigungen	6,5 km, davon 3,5 km Schiebestrecke
Abfahrten	11 km
Höhenunterschied	540 m
Kritische Stellen	keine
Start	Bahnhof Berchtesgaden

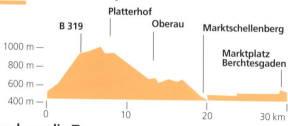

Tips rund um die Tour

▶**Fahrradempfehlung**

Vom Tourenrad bis zum Mountainbike eignet sich jedes Rad. Die Schaltungsart ist zweitrangig, weil Sie beim Hauptaufstieg schieben müssen.

▶**Für Kinder**

Diese Tour ist für Kinder wegen der anfänglichen Steigung von fast 4 km und mehrerer relativ steiler Abfahrten nicht geeignet.

▶Sehenswertes am Wege

Berchtesgaden: Alpenort in reizvoller Lage am Fuße des Watzmann-Massivs. Historischer Ortskern mit Markt (Marktbrunnen, bemalte Bürgerhäuser, z.B. das Hirschenhaus) und gotisch geprägter ●*Stiftskirche*. Darin vor allem sehenswert der Hochaltar aus Marmor, das alte Chorgestühl und bedeutende Grabdenkmäler. Gute Ausstattung auch in der gotischen ●*Franziskanerkirche*.

Was einen Besuch lohnt: *Schloßmuseum* (So–Fr 10–13 Uhr, 14–17 Uhr) mit romanischem Kreuzgang und diversen Sammlungen (u. a. Gemälde, Skulpturen, Waffen, Porzellan, Möbel). *Heimatmuseum* (Mo–Fr 10 und 15 Uhr) im Schloß Adelsheim vermittelt Überblick über Geschichte und Kultur des Berchtesgadener Landes. Im Schloß auch eine Verkaufsausstellung Berchtesgadener Handwerkskunst. *Salzbergwerk mit Salzmuseum* (täglich 8.30–17 Uhr), eine der wichtigsten und interessantesten Sehenswürdigkeiten Berchtesgadens. Der *Platterhof* auf dem Obersalzberg wird nach Abzug der US-Streitkräfte Kur- und Sporthotel.

Marktschellenberg: Neben dem Gasthaus Kugelmühle am Fuß der Ambachklamm können Sie Deutschlands älteste *Marmorkugelmühle* besichtigen.

▶Einkehr

Berchtesgaden: Gasthof Neuhaus (kein Ruhetag), Biergarten
Obersalzberg: Gasthaus Graflhöhe (Mi), Aussichtsterrasse
Oberau: Gasthof Auerwirt (kein Ruhetag), Aussichtsterrasse
Marktschellenberg: Landgasthof Forelle (Mi), Biergarten;
Gasthaus Kugelmühle (kein Ruhetag), Biergarten

▶Baden

Aschauerweiherbad in Bischofswiesen
Schornbad in Schönau am Königssee (beheizt)
Freibad in Marktschellenberg

▶Abstecher

Auffahrt zum *Jenner* (1802 m, schöne Aussicht); Auffahrt (Bus) zum *Kehlsteinhaus* (1834 m, ehemaliges Diplomatenhaus Hitlers).

Streckenbeschreibung

▶▶Abschnitt Berchtesgaden – Obersalzberg (7,5 km)

Diese Tour beginnt mit einer Kraftprobe, denn bis zur hochgelegenen B 319 sind fast 4 km stärkere Steigungen zu überwinden! Sie fahren auf der Königsseer Straße hinaus und biegen nach 800 m links auf die Vorderbrandstraße, wo der steile Anstieg beginnt. Knapp 2 km danach folgen Sie dem links abgehenden Spinnerwinklweg. Er geht später in einen Forstweg über, bietet hier und da prächtige Aussichten auf Watzmann und Hohen Göll und führt im weiteren Anstieg zur **B 319**. Dort links ab und auf der nur mäßig befahrenen Bundesstraße im leichten Auf und Ab zum Platterhof am **Obersalzberg**.

Unterwegs sollten Sie auf der Terrasse des Alpengasthofs Graflhöhe eine Pause einlegen, denn dort bietet sich ein hinreißendes Gebirgspanorama!

▶▶ Abschnitt Obersalzberg – Marktschellenberg (12,5 km)

Sie bleiben weiter auf der B 319, passieren die abgehende Roßfeld-Ringstraße und radeln nun für 3,5 km hinunter nach Oberau. Beachten Sie weiter unten die Aussicht auf den Untersberg. Dann sind Sie in **Oberau** und steuern den höher liegenden Auerwirt an. Auch sein Panorama gehört zum Feinsten dieser Gegend.

Direkt am Auerwirt vorbei führt ein Teersträßchen nach Westen. Es führt durch eine parkartige Gegend (herrliche Gebirgsblicke!) und endet nach 1,5 km an der Scheffauer Straße. Dort rechts ab und auf stiller Strecke über Oberstein an den Ortsrand von **Zill**.

Nun geht es mit Aussicht auf Watzmann und Untersberg links auf die Tiefenbachstraße Richtung Marktschellenberg. Nach dem Gehöft Hirschbichl dann wieder eine gut 2 km lange Abfahrt, vorwiegend durch Wald, bis nach **Marktschellenberg**.

▶▶ Abschnitt Marktschellenberg – Berchtesgaden (11 km)

Die Ausfahrt erfolgt auf der B 305 Richtung Berchtesgaden. Nach 200 m über die Berchtesgadener Ache und auf einem Hangweg zum Gasthaus **Kugelmühle**. Auch hier lohnt sich die Einkehr. Vom Parkplatz aus folgen Sie dem Radweg (Schild) entlang der Ache und kommen nach gut 2 km wieder an die B 305, gegenüber der Abzweigung Oberau. Nun rechts ab (Radstreifen) und nach 600 m unter der großen Achenbrücke hindurch. Ein Teersträßchen verläuft durch anmutige Landschaft mit Aussicht auf Watzmann und Hochkalter, geht in einen Radweg über und bringt Sie zur Bergwerkstraße. Dort geht es links ab, am **Bergwerk** vorbei und an der B 305 in Berchtesgaden schräg links gegenüber auf der Bräuhausstraße zum **Marktplatz**. Auf der Bahnhofstraße geht es zurück zum Bahnhof.

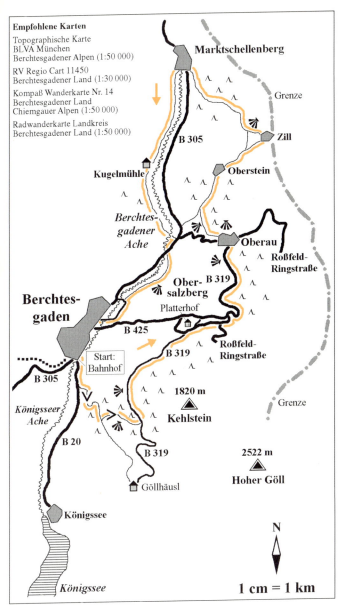

R 2

Zwischen Hochkalter und Reiteralpe

▷ Streckenlänge
26 km
▷ Reine Fahrzeit
2,5 Std.
▷ Anforderung
mäßig anstrengend (II)

Tourencharakter
Kurze, nur mäßig anstrengende Tour mit 5 km Steigungen. Sie führt im Alpenpark Berchtesgaden durch die Region der »Ramsauer Dolomiten« mit den Felsabstürzen der Grundübel- und Mühlsturzhörner. Ziel ist die Bind-Alm mit vier denkmalgeschützten Almhütten. Das Klausbachtal zwischen Hintersee und Hirschbichl bietet eine genußvolle Rückfahrt: Das Rad rollt auf 10 km fast von alleine.

Wege	Bis auf knapp 2 km Forstwege durchgehend Teerstraßen, die angenehm zu radeln sind
Verkehr	9 km mäßiger bis mittlerer Verkehr, sonst weitgehend verkehrsfrei
Steigungen	5 km, davon 3 km Schiebestrecke
Abfahrten	10 km
Höhenunterschied	510 m
Kritische Stellen	Auf der Rückfahrt drei steile Abfahrten, eine auf Schotter, zwei auf Asphalt
Start	Ramsau Kurverwaltung

Tips rund um die Tour

▶ Fahrradempfehlung

Für diese Radtour reicht im Prinzip ein Tourenrad, wichtig ist aber eine leistungsfähige Schaltung: Kettenschaltung oder möglichst Siebengang-Nabenschaltung sollte es auf jeden Fall sein.

▶ Für Kinder
Den Zauberwald und eine Ruderbootfahrt auf dem Hintersee finden Kinder spannend. Die Steigungen, steilen Abfahrten und der Verkehr fordern auch von Kindern Kondition und Konzentration: Für etwas größere Kinder empfehlenswert.

▶ Sehenswertes am Wege
Ramsau: Eine der ältesten Gemeinden der Region, im landschaftlich reizvollen Tal der Ramsauer Ache gelegen. Hauptsehenswürdigkeiten sind die ●*Pfarrkirche* von 1512 mit beachtlicher Ausstattung (u.a. Hochaltar, Schnitzfiguren, Kanzel) sowie die ●*Wallfahrtskirche Maria Kunterweg* von 1733 (Rokoko), in der ein ganz aus Holz gearbeiteter Hochaltar mit geschnitztem Gnadenbild, der Stuck und das Deckengemälde beeindrucken.
Westlich des Ortes liegen der **Zauberwald**, ein wildromantischer »Urwald« mit vielen bemoosten Felsbrocken, Reste eines riesigen Bergsturzes aus dem Hochkalter vor Jahrtausenden.
In der Nähe der **Hintersee**, ein besonders malerischer Bergsee mit rund 2,5 km Umfang. Zum Baden ist er aber nicht geeignet (zu kalt).
Nationalpark Berchtesgaden: Kernzone des 1978 gegründeten Alpenparks im südlichen Teil des Berchtesgadener Landes; 210 km² großes Naturschutzgebiet.

▶ Einkehr
Ramsau: Altes Forsthaus (Mo, Di bis 17 Uhr), Biergarten
Gasthof Oberwirt (kein Ruhetag), Biergarten
Hintersee: Wirtshaus im Zauberwald (Mi), Terrasse
Seehotel Gamsbock (kein Ruhetag), Terrasse
Gasthaus Wörndlhof (Mi), Garten
Auzinger (kein Ruhetag), Tische vor dem Haus
Hirschbichl: Gasthof Hirschbichl (Di), Tische vor dem Haus
Bind-Alm (kein Ruhetag), Tische vor dem Haus

▶ Baden
Keine Bademöglichkeit an der Strecke.

▶ Abstecher
Rundfahrt auf dem *Königssee,* einer der schönsten Alpenseen und mit 190 m tiefster See Oberbayerns;
Auffahrt zum *Jenner* (1802 m, prachtvolle Aussicht);
Wanderung in Ramsau auf dem *Soleleitungsweg* (Panoramaweg entlang der ehemaligen Soleleitung nach Bad Reichenhall).

Streckenbeschreibung

▶▶ Abschnitt Ramsau – Hintersee (5 km)
Vom »Haus des Gastes« in Ramsau radeln Sie zunächst durch den Ort, passieren Kirche und »Oberwirt« und müssen auf dieser verkehrsreicheren Straße nach Westen hinaus. Der schöne Weg an der Ramsauer Ache ist für Räder leider tabu! Nach 2,5 km folgen Sie dann an der Achenbrücke der Rechtsabzweigung Richtung Zauberwald (Radschild). Bereits an der nächsten Achenbrücke müssen Sie den Weg schon wieder verlassen. Die Radschilder weisen den steilen und langgezogenen Hang hoch. Hier bietet sich im übrigen ein Abstecher in den Zauberwald an. Nachdem der Scheitelpunkt erreicht ist, treffen Sie auf eine Querstraße, die links zum schön gelegenen **Hintersee** führt.

▶▶ Abschnitt Hintersee – Bind-Alm (8,5 km)
Sie radeln bei herrlichen Ausblicken am See entlang, passieren bald darauf den Parkplatz und das Gatter und befinden sich nun auf einem verkehrsfreien Teersträßchen Richtung Hirschbichl. In der Folge erwarten Sie schöne Ausblicke auf die Felsmassive an den Talseiten, aber auch langgezogene Steigungen, die vorerst noch leichterer Art sind. 2,5 km und 4,5 km nach dem Gatter dann jedoch zwei Steilanstiege (800 m und 500 m). Danach passieren Sie die Abzweigung zur Bind-Alm und kommen nach einem letzten 400-m-Anstieg zur Grenze und zum **Gasthof Hirschbichl.**
Wenn Sie richtig Brotzeit machen wollen, sollten Sie es hier tun, weil das Angebot auf der Bind-Alm recht karg ist. Die Bind-Alm erreichen Sie, indem Sie von Hirschbichl wieder Richtung Hintersee starten, 100 m nach der Grenze rechts auf den Fußweg einbiegen (Rad bitte schieben!) und die 400 m zur **Bind-Alm** hinübergehen. Das Panorama auf diesem Verbindungsweg und an der Alm läßt Sie die Mühen der Tour (fast) vergessen!

▶▶ Abschnitt Bind-Alm – Ramsau (12,5 km)
Die Rückfahrt erledigt sich praktisch von alleine: Sie radeln von der Bind-Alm zuerst ans Teersträßchen hinunter (ziemlich steil!), dann können Sie Ihr Rad meist laufen lassen. Vorsicht ist an den beiden Steilstücken geboten. Nach dem Gatter kommen Sie an die große Straßengabelung vor dem Hintersee, wo Sie sich rechts Richtung Ramsau halten. Auch die Reststrecke von rund 5 km fällt meist leicht bis mäßig ab.

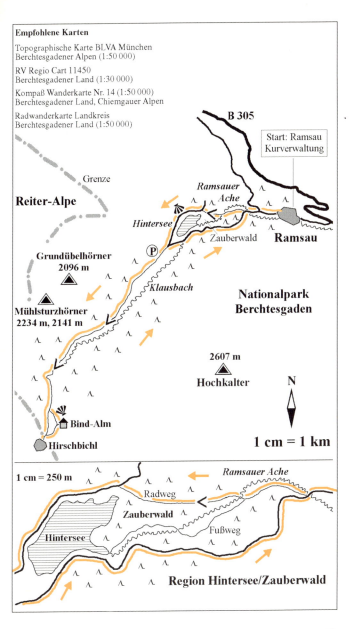

R 3

In den Bergtälern um Reichenhall

▷ Streckenlänge
32 km
▷ Reine Fahrzeit
3 Std.
▷ Anforderung
leicht (I)

Tourencharakter

Diese hinsichtlich Streckenlänge und Steigungen leichte Tour führt über den schön gelegenen Thumsee nach Schneitzlreuth und weiter durch das Saalachtal bis auf Höhe des Steinpasses.

Zurück geht's über Unterjettenberg und Saalachsee nach Reichenhall. Sie radeln auf stillen und beschaulichen Wegen durch reizvolle Flußlandschaften inmitten schöner Gebirgsketten.

Wege	Gut 40 % Schotterwege, meist gut befahrbar, sonst Teerstraßen
Verkehr	2 km verkehrsreiche Bundesstraße, sonst wenig Verkehr
Steigungen	4 km, davon 2,5 km Schiebestrecke
Abfahrten	5 km
Höhenunterschied	150 m
Kritische Stellen	Verkehrsreicher Abschnitt auf der B 305
Start	Bahnhof Bad Reichenhall

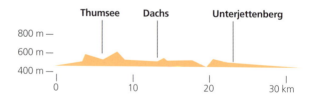

Tips rund um die Tour

▶Fahrradempfehlung
Ein normales Tourenrad mit Gangschaltung genügt für diese Tour.

▶Für Kinder
Die Streckenmerkmale sind für Kinder günstig. Ein Höhepunkt ist sicher das Strandbad am Thumsee. Aber die Tour enthält ein paar kurze verkehrsreiche Abschnitte: Bedingt empfehlenswert.

▶ **Sehenswertes am Wege**
Bad Reichenhall: Kurort am Fuße des Predigtstuhls (1613 m) und Salinenstadt von internationalem Ruf mit schönem Kurgarten und großem Kurgastzentrum. ●*Stiftskirche St. Zeno*, größte romanische Basilika Altbayerns. Beachtenswert sind u.a. das romanische Westportal (um 1200) und der spätgotisch geprägte Innenraum mit meist zeitgleicher Ausstattung. ●*Klostergebäude* mit romanischem Kreuzgang. ●*Stadtpfarrkirche St. Nikolaus* (romanisch, später gotisch überformt) mit 14 Kreuzwegbildern von Moritz von Schwind. Das *Heimatmuseum* (Di–Fr 14–18 Uhr, erster So im Monat 10–12 Uhr) birgt Zeugnisse der Siedlungsgeschichte des Saalachtals und der Stadtgeschichte Reichenhalls (Waffen, Werkzeuge, Hausrat u.a.). *Alte Saline* mit Pumpwerk, Quellenbau (täglich 10–11.30 Uhr, 14–16 Uhr) und Glashütte.
Thumsee: Reizvoll gelegener kleiner Badesee westlich von Bad Reichenhall. Daneben ein mit vielen Seerosen bedeckter Weiher, »Seemösl« genannt.
▶ **Einkehr**
Bad Reichenhall: Gasthaus Bürgerbräu (kein Ruhetag), Terrasse
Thumsee: Gasthaus Madlbauer (kein Ruhetag), Terrasse
Seewirt (Do), Seeterrasse
Schneitzlreuth: Gasthaus Schneitzlreuth (Di und Mi), Biergarten
Haiderhof (kein Ruhetag), Tische vor dem Haus
Unterjettenberg: Gasthaus Saalachtal (Di); Terrasse
Saalachsee: Wirtshaus am Saalachsee (Di), Terrasse
▶ **Baden**
Rupertusbad in Reichenhall (beheizt)
Strandbad am Thumsee
▶ **Abstecher**
Auffahrt zum *Predigtstuhl* (1613 m, großartiges Panorama); Wanderung zur *Burgruine Karlstein* (Reste von Burgkapelle und Burgfried, 12. Jh.; kurzer Aufstieg) oder zur Wallfahrtskirche *St. Pangraz* aus dem 15. Jh.

Streckenbeschreibung

▶▶ **Abschnitt Bad Reichenhall – Schneitzlreuth (11 km)**
Die Tour beginnt auf der Bad Reichenhaller Bahnhofstraße nach Südwesten, dann geht es gleich rechts auf Frühling- und Traunfeldstraße zur B 20 und geradewegs zum Saalach-Uferweg. Dort links, nach

500 m über die Saalachbrücke und drüben auf der Straße zum Nonner Unterland wieder links. Weiter geht's auf der Martiusstraße, dann wenden Sie sich an einer Kreuzung links in die Staufenstraße und kommen zur Schmalschlägerstraße. Sie führt mit 1 km Steigung nach oben. Weiter auf einem Feldweg zu einer Wegekreuzung im Wald. Hier geht es links zum **Thumsee** und auf seiner Nordseite bei herrlichen Ausblicken zum Westrand des Sees.

Wenn Sie zur Haupstraße hochfahren, können Sie gegenüber den Salinenweg (siehe Karte des Bayerischen Landesvermessungsamtes) nutzen. Wegen anhaltender Steigungen und grobem Untergrund ist dies kein sonderlich schöner Weg, aber allemal besser als die verkehrsreiche Hauptstraße!

Der Weg mündet später in ein großes Straßendreieck, wo Sie nun für gut 1,5 km Richtung Schneitzlreuth hinunterflitzen können Jetzt aber Vorsicht: An der *zweiten* **Weißbachbrücke** geht rechts ein Schotterweg ab (leicht zu übersehen!), der nach knapp 1 km zum Gasthaus Schneitzlreuth führt.

▶▶ Abschnitt Schneitzlreuth – Unterjettenberg (13 km)

Ab dem Gasthaus müssen Sie noch einmal für 400 m auf die B 21, dann kommt links ein Feldweg, der durch reizvolle Wiesen- und Auenlandschaft verläuft. Bei schönen Ausblicken passieren Sie **Dachs**, müssen danach ein Stück nach oben bis fast zur B 21 und wieder hinunter zu einer Häusergruppe. Nach den Häusern treffen Sie auf die Straße direkt am Saalachufer und gelangen links, an einem Kieswerk vorbei, zum **Haiderhof**.

Gut 3 km weiter erreichen Sie die Saalachbrücke bei Schneitzlreuth und setzen diesseits Ihre Fahrt Richtung Unterjettenberg fort. Dieser Buckelweg stößt später auf die B 305. Diese überqueren Sie und radeln in Nordrichtung durch **Unterjettenberg**. So kommen Sie auf der Gegenseite ins Saalachtal an die B 21, nutzen deren Radweg ein Stückchen nach Westen und schwenken dann rechts ein über die Saalach (Holzbrücke) zum Gasthaus Saalachtal.

▶▶ Abschnitt Unterjettenberg – Bad Reichenhall (8 km)

Die Reststrecke nach Reichenhall verläuft auf verkehrsfreier Route über Fronau entlang von Saalach-Westufer und Saalachsee zurück durch gefällige Gegend mit reizvollen Ausblicken. Bei der Einfahrt in Reichenhall orientieren Sie sich am besten an der Beschilderung. Dabei können Sie noch einen Abstecher in die gepflegte Fußgängerzone machen.

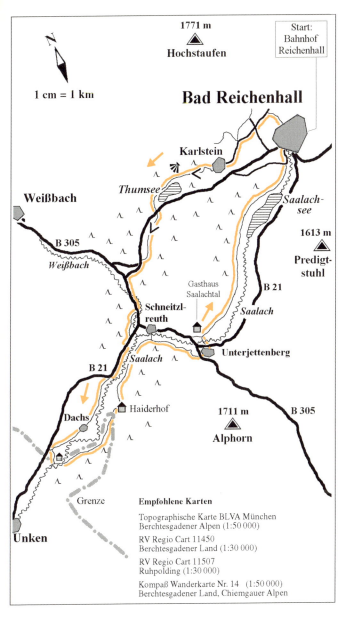

R 4

Abstecher in den Rupertiwinkel

▷ Streckenlänge
40 km
▷ Reine Fahrzeit
4 Std.
▷ Anforderung
sehr anstrengend (IV)

> **Tourencharakter**
> Mit 40 km Streckenlänge und fast 8 km Steigungen ist dies eine sehr anstrengende Tour – aber auch ein reizvoller Ausflug: prächtige Bergtäler, weite Ausblicke und herrliche Abfahrten. Die Route verläuft von Inzell quer über den Teisenberg nach Anger und zum Höglwörther See. Auf der Rückfahrt werden Sie erneut vor kräftige Steigungen gestellt, aber auch mit schönen Rundblicken verwöhnt.

Wege	Gut ein Viertel der Strecke Feld- und Forstwege, z. T. lose und grob geschottert, sonst nur Teerstraßen
Verkehr	Durchgehend geringer Verkehr oder ganz verkehrsfrei
Steigungen	7,5 km, davon 4,5 km Schiebestrecke
Abfahrten	11 km
Höhenunterschied	380 m
Kritische Stellen	Abfahrt am Teisenberg auf losem Schotter
Start	Ortsmitte Inzell

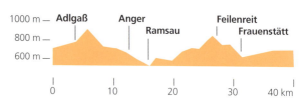

Tips rund um die Tour

▶ **Fahrradempfehlung**
Mountainbike sowie All Terrain Bike oder Trekking Bike mit breiteren Reifen. Kettenschaltung oder möglichst Siebengang-Nabenschaltung.
▶ **Für Kinder**
Streichelzoo in Inzell, Zoo in Ramsau und Freibäder. Trotzdem ist die

Tour für Kinder nicht ideal, weil die Strecke zu lang und zu beschwerlich ist.

▶Sehenswertes am Wege
Inzell: Luftkurort und internationales Wintersportzentrum (Eisschnelllauf). Beachtung verdienen: ●*Pfarrkirche St. Michael* von 1727 mit sehenswerter Ausstattung (um 1770), so eine Altaranlage mit Gemälden und Schnitzfiguren, ein Gnadenstuhl und ein Tafelbild (um 1490). *Kirche St. Nikolaus* von 1212 in Einsiedl, u.a. mit Glasgemälde um 1420, Schnitzfiguren (15./16. Jh.) und einem Triumphbogenkreuz um 1400.
Anger: Schönes Dorf mit stattlichem Dorfanger und Häusern aus dem 18. Jh. Besuchen sollten Sie die ●*Pfarrkirche*, »eine der interessantesten spätgotischen Landkirchen des Gebietes« (Dehio) mit beachtlicher Innenausstattung (u.a. Rosenkranzmadonna um 1680).
Höglwörth: ●*Stiftskirche* des ehem. Augustinerchorherrenstifts in malerischer Lage am Höglwörther See. Neubau ab 1675. Innengestaltung 100 Jahre später. Bemerkenswert der elegante Stuck und die Fresken.
Ramsau (2 km nordwestlich Höglwörth): kleiner *Zoo* mit Haustierrassen, die vom Aussterben bedroht sind (täglich geöffnet).

▶Einkehr
Inzell: Gasthof/Hotel Zur Post (kein Ruhetag), Terrasse
Anger: Gasthof Alpenhof (Mo), Terrasse
Höglwörth: Gasthaus Klosterwirt (Di), Biergarten
Aich: Café Alpenblick (Do), Terrasse
Hammer: Gasthof Hörterer (Mi), Biergarten

▶Baden
Badepark mit Warmfreibad in Inzell
Strandbad am Zwingsee, 1 km südlich von Inzell
Strandbad am Höglwörther See

▶Abstecher
Spaziergang im großen Kurpark in Inzell.
Besuch des Streichelzoos beim Gasthof Schmelz.

Streckenbeschreibung

▶▶Abschnitt Inzell – Anger (13 km)
Sie verlassen Inzell auf der Fritz-Gastager- und Adlgasser-Straße nach Osten und erreichen bei leicht ansteigender Strecke über die Ortsteile

Pommern und Duft nach knapp 5 km die Auffahrt zum Forsthaus **Adlgaß**. Wenn Sie jetzt noch nicht einkehren wollen, geht es auf bisherigem Weg in einem herb-ursprünglichen Bergtal weiter aufwärts.
Nach 2 km stärkerer Steigung haben Sie den Scheitelpunkt der Teisenberg-Überquerung geschafft und sind an einem Eisenkreuz auf 912 m Höhe. Ab hier erwartet Sie nun eine 6 km lange Abfahrt durch den Bergwald bis Anger hinunter. Genußvoll vor allem das untere Stück. Nach Unterquerung der Autobahn halten Sie sich im Ortsteil Holzhausen links und kommen über Haslauer und Holzhauser Straße zum langgestreckten Dorfplatz in **Anger**.

▶▶ Abschnitt Anger – Frauenstätt (18 km)

Der Klosterweg an der Nordseite des Dorfplatzes bringt Sie auf angenehmer Strecke zum **Kloster Höglwörth** am gleichnamigen See. Beachten Sie das reizvolle Bild am Seeufer.
Vom Klosterwirt aus geht es weiter nach Norden auf dem Mooshäuslweg zur Ramsauer Straße, dann rechts nach Ramsau und geradeaus auf dem Teisendorfer Wanderweg Nr. 9 zu einer Teerstraße. Sie führt links nach Hub Dort biegen Sie rechts ab, radeln nach **Freidling** und halten sich am Ortsrand links.
1,5 km weiter zweigt links ein Sträßchen ab, auf dem Sie ein erneuter Anstieg von 1 km erwartet, bevor Sie bei schönen Ausblicken im hochgelegenen **Haslach** sind.
Nun geht es unter die Autobahn hindurch und 2,5 km nach Westen zur nächsten Autobahnunterführung. Direkt davor links ab und auf ansteigender Strecke hoch bis kurz vor Feilenreit. Hier bieten sich Ihnen hinreißende Weitblicke! Dann beginnt die schöne und aussichtsreiche Abfahrt über die Ortsteile Feilenreit, Wald und Aich ins Tal der Roten Traun nach **Frauenstätt**.

▶▶ Abschnitt Frauenstätt – Inzell (9 km)

Direkt vor der Traunbrücke geht es links durch die Gehöftegruppe (Schild Fußgänger/Radfahrer) Richtung Inzell. Sie radeln in einem reizvollen Tal entlang der Roten Traun, durchqueren den Ort **Hammer** und setzen jenseits der B 306 auf einem verkehrsarmen Sträßchen Ihren Weg nach Süden fort. 6 km weiter lenkt ein Schild nach links, wo Sie auf einen Weg mit besonders schönen Aussichten nach **Niederachen** kommen. Wenn Sie sich dort links halten, sind Sie kurz darauf wieder in der Ortsmitte von Inzell.

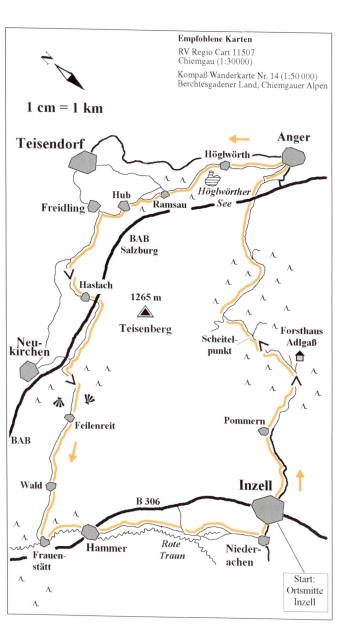

R 5
Rund um den Rauschberg

▷ Streckenlänge
30 km
▷ Reine Fahrzeit
3 Std.
▷ Anforderung
mittelschwer (III)

Tourencharakter

Diese mittelschwere Tour führt von Inzell über Weißbach ins Tal des Schwarzachen. Prägende Merkmale dieser Fahrt sind ein kräftezehrender Aufstieg von 3,5 km zur Kaitl-Alm und die 5 km lange Abfahrt zur Deutschen Alpenstraße.

Die anstrengende, aber schöne Tour bietet herb-ursprüngliche Berglandschaft und parkartige Talsenken mit attraktivem Alpenpanorama.

Wege	Zwei Drittel Schotterwege in gutem Zustand, sonst Teerstraßen
Verkehr	2 km Fahrt auf der B 305, sonst verkehrsarm oder -frei
Steigungen	6 km, davon 4,5 km Schiebestrecke
Abfahrten	Rund 10 km
Höhenunterschied	340 m
Kritische Stellen	Die Talseite des Forstweges zur Kaitl-Alm bricht stellenweise steil und tief ab. Vorsicht bei losem Schotter!
Start	Ortsmitte Inzell

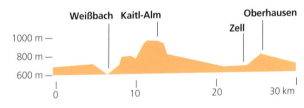

Tips rund um die Tour

▶ **Fahrradempfehlung**

Mountainbike oder All Terrain Bike, Kettenschaltung oder möglichst Siebengang-Nabenschaltung.

▶ **Für Kinder**

Der Streichelzoo in Schmelz bei Inzell sowie der Gletschergarten in Weißbach und die Freibäder sind Kinderattraktionen. Dem stehen aber anstrengende Steigungen und 2 km Fahrt auf der B 305 gegenüber: Nur für Jugendliche empfehlenswert.

▶ Sehenswertes am Wege

Ruhpolding: Stattliches Gebirgsdorf und attraktiver Fremdenverkehrsort. Zu den Hauptsehenswürdigkeiten zählen: ●*Pfarrkirche St. Georg* von 1757 mit anspruchsvollem Innenraum, in dem die Deckenfresken, die Rokoko-Altäre, die dekorative Kanzel und eine romanische Madonna um 1220, das Herzstück der Kirche, herausragen.

Museum für bäuerliche und sakrale Kunst (Di–So 9.30–12 Uhr, Di–Sa 14–16 Uhr): Hinterglasbilder, kirchliche Sammlungen und bäuerliche Volkskunst. *Heimatmuseum* (Mo–Fr 14–17 Uhr) mit einer der vollständigsten alpenländischen Sammlungen dieser Region (Bauernmöbel, Trachten u.a.).

Weißbach: Gletschergarten, ein Freilichtmuseum, das die Erosionskraft der Gletscher in Form von Gletscherschliffen, Strudeltöpfen und Findlingen zeigt. Der Garten liegt direkt an der B 305.

Inzell: Sehenswert in dem international bekannten Luftkur- und Wintersportort vor allem die ●*Michaelskirche* und die Nikolauskirche in Einsiedl (Einzelheiten siehe Tour R 4).

▶ Einkehr

Inzell: Gasthof/Hotel Zur Post (kein Ruhetag), Terrasse
Restaurant/Café Zwing (Do), Terrasse
Schwarzachental: Kaitl-Alm (ohne Ruhetag), Terrasse
Schmelz: Gasthof Schmelz (Mo), Biergarten

▶ Baden

Beheiztes Freibad in Ruhpolding
Strandbad am Zwingsee, 1 km südlich von Inzell
Badepark mit Warmfreibad in Inzell

▶ Abstecher

Auffahrt zum Rauschberg (1645 m, großartige Rundsicht)
Besuch im Märchenpark (4 km südwestlich von Ruhpolding)

Streckenbeschreibung

▶▶ Abschnitt Inzell – Kaitl-Alm (12,5 km)

Am besten radeln Sie vom Ortszentrum Inzell über Reichenhaller, Fritz-Gastager- und Bichlstraße hinaus, passieren den Ortsteil Hausmann und biegen nach 2,5 km am Falkensteinweg rechts ab. Dies ist ein stiller Weg zwischen steilen Felswänden, versehen mit Schildern zum **Café Zwing**, wo Sie nach gut 5 km ankommen.

Nun geht es auf der B 305 für 2 km bei starkem Verkehr stets bergab nach Schwarzbach, vorbei am Gletschergarten, den Sie sich auf jeden Fall ansehen sollten.

Vor dem Ortsrand von Schwarzbach weist ein Schild nach rechts Richtung Reiter- und Kaitl-Alm. 100 m weiter beginnt der Aufstieg durch das naturbelassene und waldreiche Tal des Schwarzachen. Achten Sie auf das Schild »Kaitl-Alm«. Nach 2 km stärkerer Steigung ein kurzes flaches Stück, dann eine 400 m lange steile Abfahrt bei ungesicherter Talseite und losem Schotter (Vorsicht!). Dann folgt der zweite Teil des Anstiegs: Er ist gut 1,5 km lang, bietet des öfteren schöne Ausblicke und endet oberhalb der **Kaitl-Alm**.

▶▶ Abschnitt Kaitl-Alm – Ruhpolding (8,5 km)

Wenn Sie sich auf der Kaitl-Alm unter der Fürsorge von Sepp, dem Almwirt, gestärkt haben, beginnt eine genußvolle Abfahrt hinunter zur Deutschen Alpenstraße. Vor allem im unteren Teil durchradeln Sie reizvolle Landschaften mit schönen Ausblicken. Direkt vor der Schwarzachenbrücke folgen Sie dem Schild »Chiemgau Rad- und Wanderweg« nach rechts Richtung Ruhpolding und sind kurz darauf an der B 305 (Gasthaus Fritz am Sand gegenüber). Hier nehmen Sie Kurs auf Ruhpolding. Später überqueren Sie die B 305, bleiben am Westufer der Traun und radeln nach 500 m rechts über die Brücke und gleich wieder links ab.

Hier wäre im übrigen ein Abstecher in das Ortszentrum von **Ruhpolding** möglich.

▶▶ Abschnitt Ruhpolding – Inzell (9 km)

Nach 500 m Fahrt am Ostufer der Weißen Traun erreichen Sie eine Gabelung, an der Sie sich rechts und an einer kleinen Holzbrücke erneut rechts halten. Dann sind Sie auf einem Radweg, der bei herrlicher Aussicht nach Süden quer durch einen Golfplatz an die Hauptstraße in **Zell** führt. Dort wenden Sie sich zunächst links und nach 100 m gleich wieder rechts Richtung Infang.

Sie radeln nun – leicht bis mäßig bergauf – durch ein stilles und bewaldetes Bergtal bis **Oberhausen**. Von dort geht es hinunter nach Brand und links ab nach Inzell.

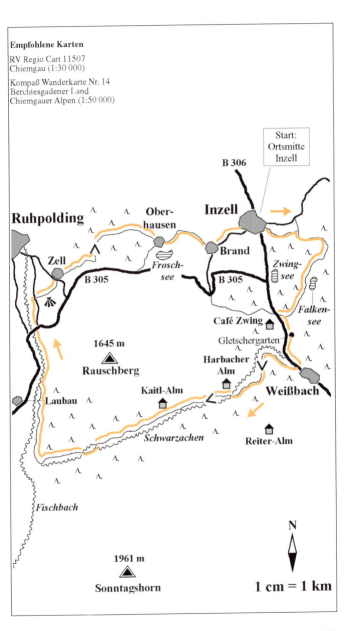

R 6

Fahrt zum Röthelmoos

▷ Streckenlänge
30 km
▷ Reine Fahrzeit
3 Std.
▷ Anforderung
mäßig anstrengend (II)

Tourencharakter
Diese mäßig anstrengende Tour verläuft in naturbelassenen Tälern der Chiemgauer Alpen südwestlich von Ruhpolding: Es geht vom Urschlauer Tal zum reizvollen Röthelmoos-Hochtal, durch das wildromantische Wappbachtal zum Weitsee und entlang der Deutschen Alpenstraße zurück nach Ruhpolding. Der Steilanstieg hinter Urschlau kostet Kraft, die 2 km auf der B 305 Konzentration.

Wege	Ein Drittel Teerstraßen, der Rest Schotterwege, im Wappbachtal etwas holprig
Verkehr	22 km verkehrsfrei, auf gut 3 km jedoch verstärkter Verkehr
Steigungen	4 km, davon fast 2 km Schiebestrecke
Abfahrten	7 km
Höhenunterschied	230 m
Kritische Stellen	Hangweg zur Achenschlucht ungesichert; Abfahrtsweg im Wappbachtal steinig und schmal: Schleudergefahr!
Start	Ortsmitte Ruhpolding

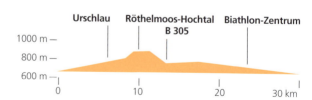

Tips rund um die Tour

▶ **Fahrradempfehlung**

Trekking Bike mit breiteren Reifen oder All Terrain Bike bzw. Mountainbike; Kettenschaltung oder mindestens Fünfgang-Nabenschaltung.

▶ Für Kinder
Ein in Besuch im Märchenpark oder im Freibad lockt Kinder sicherlich. Die 4 km Steigungen, der starke Verkehr auf der B 305 und die etwas schwierige Abfahrt ins Wappbachtal können jedoch für Kinder problematisch sein.

▶ Sehenswertes am Wege
Ruhpolding: Stattliches Gebirgsdorf und attraktiver Fremdenverkehrsort. Zu den Hauptsehenswürdigkeiten Ruhpoldings zählen die ●*Pfarrkirche St. Georg* mit ihrem Glanzstück, einer romanischen Madonna, das *Museum für bäuerliche und sakrale Kunst* sowie das *Heimatmuseum* mit umfassenden alpenländischen Sammlungen (Einzelheiten siehe Tour R 5).

Der *Märchenpark* (täglich geöffnet) nahe dem Ortsteil Brand, ca. 4 km südwestlich von Ruhpolding, ist ein Hit für Kinder: bewegte Märchenszenen, Abenteuerspielplatz, »Bockerlbahn« und Tummelplatz für die Kleinsten. Nur 1 km westlich des Märchenparks befindet sich eine weitere Kinderattraktion – der *Märchenwald*.

Nahe dem Märchenpark im Ortsteil **Haßlberg** eine *Glockenschmiede* (Mo-Fr 10–12 Uhr) aus dem 17. Jh. mit Werkzeugen, Werkstätten und dem alten Hammerwerk.

Röthelmoos: Hochtal mit naturkundlich interessantem, rund 30 ha großem Moorgebiet. Lebensraum vieler seltener und vom Aussterben bedrohter Tier- und Pflanzenarten. Das Moor darf nicht betreten werden, läßt sich aber von umliegenden Hängen aus gut einsehen. Unterhalb des Hochtals der Weit-, Mitter- und Lödensee (siehe dazu Tour R 7).

Ortsteil **Laubau** (an der B 305): Ein *Holzknechtmuseum* (Di–So 13–17 Uhr) stellt mit Schaubildern, Bauwerken und Arbeitsgeräten Leben und Arbeit der Holzknechte in den Bergwäldern dar.

▶ Einkehr
Ruhpolding: Hotel Zur Post (Mi)
Café Windbeutel-Gräfin (Brander Straße, Fr und Sa), Terrasse
Röthelmoos-Hochtal: Dandl-Alm, bewirtschaftet
Seehaus: Gasthaus Seehaus (Do), Terrasse

▶ Baden
Beheiztes Freibad in Ruhpolding

▶ Abstecher
Auffahrt zum Rauschberg (1645 m, großartige Rundsicht)

Streckenbeschreibung

▶▶Abschnitt Ruhpolding – Weitsee (14 km)

Sie verlassen das Zentrum Ruhpoldings auf der Brandstätter Straße. An der Brander Straße im Ortsteil Brandstätt geht es rechts, nach ca. 300 m wieder links (Richtung Märchenpark) und kurz danach an der Gabelung erneut rechts (Richtung Weingarten). So gelangen Sie – abseits der Verkehrsstraße – in ein Hochtal mit schönen Ausblicken auf die umgebenden Berge. Folgen Sie weiterhin den Schildern Märchenpark/Brand: Nach 4 km stehen Sie am Eingang zum **Märchenpark**.

Kurz danach eine Gabelung, deren rechte Abzweigung steil zur Brander Straße hinunterführt. Hier sollten Sie das Rad besser schieben! Sie passieren den Ortsteil Brand sowie die Abzweigung zum Märchenwald und erreichen schließlich **Urschlau**. 1,5 km nach Urschlau erreichen Sie eine Gabelung, an der Sie sich links halten, Richtung Röthelmoos-Alm. Der Weg steigt nun für ca. 1 km relativ steil am Hang der tief eingeschnittenen Achenschlucht an und führt wenig später zum **Röthelmoos-Hochtal**. Es liegt landschaftlich besonders reizvoll und wird vor allem vom wuchtigen Felsstock des Gurnwandkopfs (1691 m) beherrscht.

Nun folgt die Abfahrt zur B 305 und zum Weitsee durch das enge und wildromantische **Tal des Wappbachs**. Das Gefälle ist leicht bis mäßig, der Weg stellenweise steinig und holprig.

▶▶Abschnitt Weitsee – Ruhpolding (16 km)

An der B 305 geht es links ab: Für ca. 2 km müssen Sie leider auf der Bundesstraße bleiben, dann aber stoßen Sie auf den Radweg Ruhpolding – Reit im Winkl und können nun ungestört Kurs auf Ruhpolding nehmen.

Sie radeln in einer ansprechenden Landschaft mit wechselnder Aussicht. Unterwegs kommen Sie am schön gelegenen **Förchensee** mit dem Seehaus vorbei, am Biathlon-Leistungszentrum sowie an der Gaststätte Fritz am Sand. Verfehlen können Sie den Weg nicht, denn er ist gut ausgeschildert: grünes Radschild »Chiemgau Rad- und Wanderweg Reit im Winkel/Inzell/Ruhpolding«. Eindrucksvoll auf dem Schlußabschnitt auch der Blick auf die abweisende Westwand des Rauschbergs.

Die Einfahrt nach Ruhpolding erfolgt von der rechts abzweigenden B 305 aus zunächst am Westufer der Weißen Traun und dann über die Zeller und Hauptstraße zurück zur Ortsmitte.

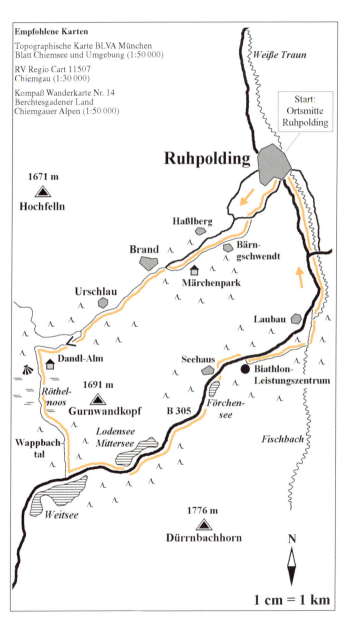

R 7

Fahrt nach Reit im Winkl

▷ **Streckenlänge**
50 km
▷ **Reine Fahrzeit**
5 Std.
▷ **Anforderung**
sehr anstrengend (IV)

Tourencharakter

Bei dieser sehr anstrengenden Radtour sind die Anstiege zwar langgezogen, aber nur leichter Natur. Die Strecke verläuft in den Chiemgauer Alpen zwischen Ruhpolding und Reit im Winkl, parallel zur Deutschen Alpenstraße. Höhepunkte sind die schroffe Westwand des Rauschbergs, der Weitsee und der schmucke Ort Reit im Winkl, mit ca. 700 m höchstgelegenes Dorf im Chiemgau.

Wege	Rund 15 % Teerstraßen, der Rest der Strecke gut befahrbare Schotterwege
Verkehr	Starker Verkehr nur bei Ein- und Ausfahrt in den Orten, sonst praktisch verkehrsfrei
Steigungen	6,5 km, davon 2,5 km Schiebestrecke
Abfahrten	12 km
Höhenunterschied	180 m
Kritische Stellen	Keine
Start	Ortsmitte Ruhpolding

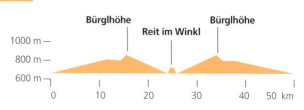

Tips rund um die Tour

▶ **Fahrradempfehlung**

Die Strecke stellt keine besonderen Anforderungen an das Rad. Vorhanden sein sollte jedoch eine gute Kettenschaltung oder mindestens eine Fünfgang-Nabenschaltung.

▶ Für Kinder
Keine Kinderattraktionen auf dieser Tour. Wegen der langen Strecke, der langgezogenen Steigungen und der 4 km verkehrsreicher Straße ist die Mitnahme von Kindern nicht empfehlenswert.

▶ Sehenswertes am Wege
Ruhpolding: Stattliches Gebirgsdorf und attraktiver Fremdenverkehrsort. Zu den Hauptsehenswürdigkeiten zählen die ●*Pfarrkirche St. Georg* mit der bekannten Ruhpoldinger Madonna, das *Museum für bäuerliche und sakrale Kunst* und das *Heimatmuseum* (Einzelheiten siehe Tour R 5).

Reit im Winkl: Seine Anziehungskraft verdankt der ansehnliche Luftkurort vor allem der landschaftlich herrlichen Lage in einem Hochtal mit Aussicht u.a. auf das Kaisergebirge. Im Ort gewährt das *Heimatmuseum* (Fr 14–17 Uhr) Einblick in das Leben und Handwerk früherer Tage. Das *Spielzeugmuseum* (Tel. 0 86 40/4 72) zeigt altes Spielzeug von 1900 bis 1960.

Laubau (an B 305): Im *Holzknechtmuseum* (Di–So 13–17 Uhr) werden mit Schaubildern, Bauwerken und Arbeitsgeräten Leben und Arbeit der Holzknechte in den Bergwäldern dargestellt.

Weit-/Mitter-/Lödensee: Naturbelassene kleine Seenkette mit interessanten Unterschieden: Der Weitsee wird aus eigenen Quellen gespeist und weist eine reichere Uferbewachsung auf. Mitter- und Lödensee dagegen sind auf den Zufluß von Bächen angewiesen und zeigen nur rasenartige Uferbewachsung. Im Weitsee, dem größten der drei Seen, können Sie baden.

▶ Einkehr
Ruhpolding: Hotel Zur Post (Mi)
Seehaus: Gasthof Seehaus (Do), Terrasse
Seegatterl: Alpenhof (Mo), Biergarten
Reit im Winkl: Hotel-Gasthof Unterwirt (kein Ruhetag), Terrasse

▶ Baden
Ruhpolding: Beheiztes Freibad. Badeplatz am Weitsee
Reit im Winkl: Solarbeheiztes Freibad mit Riesenrutsche
Weitsee

▶ Abstecher
Auffahrt zum Rauschberg (1645 m, großartige Rundsicht);
Auffahrt (Bus) zur Winklmoos-Alm (1160 m hoch gelegen, eine der bekanntesten deutschen Almen, siehe Tour W 33)

Streckenbeschreibung

Diese Tour nutzt den Radweg von Ruhpolding über Seegatterl nach Reit im Winkl. Er ist – von den Ortsdurchfahrten abgesehen – durchgehend verkehrsfrei, verläuft ca. 10 km direkt an der B 305 entlang und ist mit dem grünen Radschild »Chiemgau Rad- und Wanderweg Reit im Winkl / Inzell / Ruhpolding« ausgeschildert.

▶▶ Abschnitt Ruhpolding – Reit im Winkl (25 km)

Sie fahren von Ruhpolding auf der Haupt- und Zeller Straße zunächst zur Weißen Traun und biegen vor der Brücke rechts auf den oben erwähnten Radweg ein. Mit Blick auf die abweisende Westwand des Rauschbergs gewinnen Sie rasch an Boden, überqueren die nach Inzell abzweigende B 305 und kommen bei meist leichtem Anstieg nach ca. 7,5 km zum **Biathlon-Zentrum**. Die Aussicht ist wegen der z. T. dichten Bewachsung begrenzt.

Weiter geht es – unter zweimaligem Wechsel der Straßenseite – zum anmutig gelegenen Förchensee und bei anhaltend leichten Steigungen zum Parkplatz an der B 305 östlich des Weitsees. Auch hier wechseln sich Abschnitte mit guter Aussicht und stärker bewaldete Teile ab. Nun folgt ein etwas steilerer Anstieg von gut 1 km zur **Bürglhöhe** mit dem Dürrfeldkreuz.

Ab hier radeln Sie eine langgezogene, leicht bis mäßig steile Abfahrt hinunter und gelangen schließlich nach **Seegatterl**, wo Sie eine Pause einlegen können. Hier wäre im übrigen der Abstecher zur Winklmoos-Alm möglich, der sich jedoch nur mit dem Bus empfiehlt. Per Rad hätten Sie einen Höhenunterschied von 430 m zu überwinden.

Da ist der knapp 7 km lange Schlußspurt nach Reit im Winkl doch einfacher. Er führt bei angenehm fallender Strecke durch bewaldete Tallandschaft zunächst nach Gasteig und von hier bei erweiterter Aussicht, u.a. auf das Kaiser-Massiv, nach **Reit im Winkl.**

▶▶ Abschnitt Reit im Winkl – Ruhpolding (25 km)

Die Rückreise nach Ruhpolding erfolgt auf gleichem Wege. Nach Reit im Winkl steigt der Weg zunächst anhaltend leicht und ab Seegatterl bis zur Bürglhöhe wieder etwas stärker an. Dafür läuft das Rad ab dem Dürrfeldkreuz über weite Strecken von alleine. Bald befinden Sie sich wieder am Fuße des Rauschbergs und radeln an der Weißen Traun entlang ins Zentrum Ruhpoldings zurück.

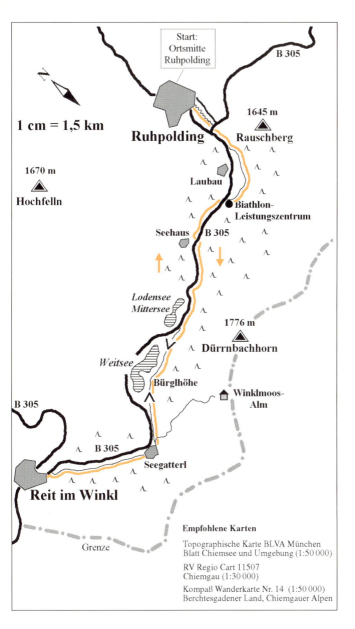

R 8

Beiderseits des Tiroler Achen

- Streckenlänge
  34 km
- Reine Fahrzeit
  4 Std.
- Anforderung
  mäßig anstrengend (II)

Tourencharakter

Die nur mäßig anstrengende Tour führt aus den Filzen südlich des Chiemsees in die Chiemgauer Alpen hinein. Die Fahrt verläuft durch das reizvolle Achental bis fast zur österreichischen Grenze; zurück geht es über Achberg und Unterwössen nach Grassau. Streckenlänge und Verkehr halten sich in Grenzen, der 1 km lange Aufstieg bis Achberg ist allerdings nicht zu unterschätzen. Trotzdem eine erholsame Tour!

Wege	Die Hälfte der Strecke Teerstraßen, sonst gut bis mäßig befahrbare Schotterwege
Verkehr	Rund die Hälfte der Straßen ist verkehrsfrei, auf 2 km jedoch stärkerer Verkehr
Steigungen	4 km, davon gut 2 km Schiebestrecke
Abfahrten	4,5 km
Höhenunterschied	160 m
Kritische Stellen	Steile Schotterabfahrt nach Unterwössen bei ungesicherter Talseite. Steilabfahrt auch nach Marquartstein.
Start	Ortsmitte Grassau

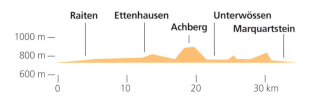

Tips rund um die Tour

▶ Fahrradempfehlung

Keine besonderen technischen Anforderungen: Es reicht ein Tourenrad mit Dreigangschaltung.

▶ **Für Kinder**
Die Tour ist ziemlich leicht. Der Märchen- und Wildpark in Niedernfels, das Wildgehege und der Abenteuerspielsplatz sind Anziehungspunkte.

▶ **Sehenswertes am Wege**
Grassau: ●*Kirche Mariä Himmelfahrt*, 1695 barock umgestaltet, u.a.mit reichem Stuck, schönen Altären und Schnitzfiguren.
Niedernfels: Märchen- und Wildpark mit bewegten Märchenszenen, Wildgehege, Abenteuer-Spielplatz, Sommer-Rodelbahn.
Streichen: ●*Wallfahrtskirche*, »ein von der Lage und Raumausstattung her beeindruckendes und (…) höchst seltenes und wohl erhaltenes spätgotisches Gesamtkunstwerk« (Dehio).
Marquartstein: Mittelalterliche *Burganlage* (11. Jh.) mit spätgotischer Kapelle hoch über dem Ort. Für Besucher nicht zugänglich.

▶ **Einkehr**
Grassau: Gasthof Sperrer (Mo), Biergarten und Gasthof Post (Mi)
Streichen: Gasthaus Streichen (Mo), Sitzgelegenheit im Freien
Unterwössen: Gasthof Zum Bräu (Mo), Biergarten und Terrasse
Garbmühle (kein Ruhetag), Biergarten
Marquartstein: Wirtshaus Zum Schloßberg (kein Ruhetag), Terrasse
Pettendorf: Gasthof Weßnerhof (Mi), Gartenterrasse

▶ **Baden**
Freibäder in Grassau, Piesenhausen, am Wössner See und Marquartstein

▶ **Abstecher**
Besuch der ●*Pfarrkirche* in Schleching (1737) mit bedeutender Innenausstattung. Rundflug mit Segelflugzeug oder Motorsegler bei der Alpensegelflugschule Unterwössen (Tel. 0 86 41/83 90).

Streckenbeschreibung

▶▶ **Abschnitt Grassau – Ettenhausen (13 km)**
Vom Kirchplatz Richtung Rottau ausfahrend, wenden Sie sich nach 400 m links auf den Teerweg (Oberdorf) und an der nächsten Gabelung halbrechts auf den Fünfeichenweg, der nach Süden in die weite Talsenke bis nach **Piesenhausen** führt.
Dort halten Sie sich an der Straße links und 500 m danach rechts (Hofkapellenstraße Richtung Vogllug). So treffen Sie nach einer Walddurchfahrt auf eine Teerstraße, nutzen sie für 400 m und biegen dann links

in das Lanzinger Moos Richtung Süßen/Raiten ab. Dieser reizvolle Wiesenweg bietet schöne Ausblicke, ist aber auch ziemlich holprig. Von Süßen aus geht es dann nach **Raiten**.

In der Rechtskurve der B 307 *nach* dem Ort ein südlich abgehender Schotterweg, der Sie auf schöner Waldstrecke nach 3 km erneut an die B 307 bringt. Nun links zum Achendamm und mit herrlicher Sicht, u.a. auf die Kampenwand, noch einmal zur B 307. Nach Unterquerung erreichen Sie rechterhand **Ettenhausen.**

▶▶Abschnitt Ettenhausen – Unterwössen (10 km)

Sie verlassen den Ort nach Süden, biegen 1,5 km danach links ab und kommen zum stillen **Rudersberger See**. An seiner Ostseite führt ein Pfad (für Räder nicht geeignet) zur »Schönen Aussicht« mit Blick ins tiefgelegene Achental. Auf der Rückfahrt nach Ettenhausen geht es 100 m vor dem Ort rechts ab und in parkartiger Landschaft mit schönen Aussichten hinüber zum Achendamm und zum **Zollamt**.

Kurz vor dem Zollgebäude biegen Sie links ab, Richtung Achberg, und müssen nun einen steilen Buckel hinauf. Nach 900 m Aufstieg empfiehlt sich rechterhand ein Abstecher zur **Streichenkirche**. Dann geht es auf der Nordseite von Achberg 1,5 km steil hinunter ins Tal. Die Schotterstraße ist talseitig ungesichert und verlangt vorsichtige Fahrweise.

Unten kommen Sie an der Deutschen Alpensegelflugschule vorbei und treffen nach 2 km in **Unterwössen** auf den Burgweg. Biegen Sie dort rechts ab, und folgen Sie nach 600 m links der Garbmühlstraße, dann gelangen Sie über den Schmidfeldweg zur Hauptstraße (B 305).

Hier bietet sich ein Abstecher zum **Wössner See** an (Freibad). Sie fahren gut 300 m die Bundesstraße hinaus, schieben dann links das steile Sträßchen hoch und sind wenig später am See. Wenn Sie ihn nach Süden hin umrunden, stoßen Sie wieder auf die B 305 und kommen rechts an den Ausgangspunkt zurück.

▶▶Abschnitt Unterwössen – Grassau (11 km)

Dort geht der Kaltenbachweg ab. Sie folgen ihm, halten sich an der nächsten Gabelung links und am Hochgernweg rechts und erreichen nach gut 200 m den Gruberweg. Er bringt Sie an eine kleine Kreuzung bei den letzten Häusern. Hier setzen Sie Ihre Fahrt auf dem nach links oben führenden Waldweg fort (Marquartstein Nr. 1), eine Art Höhenweg mit schönen Ausblicken auf Berge und Tal. Nach 2,5 km erreichen Sie einen großen Parkplatz, von wo aus links die steile Abfahrt nach

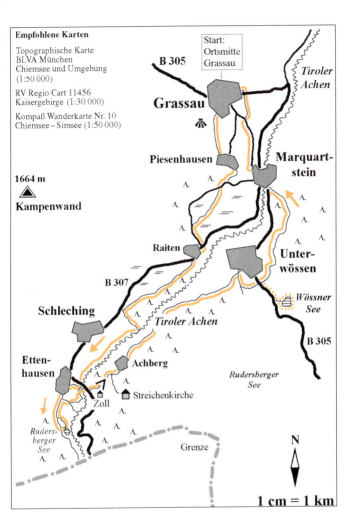

Marquartstein hinunterführt. Der Weg durch den Ort geht zunächst über die Achenbrücke zur Schlechinger Straße. Hier wenden Sie sich nach rechts, 100 m danach links Richtung Piesenhausen und radeln dann auf der Pettendorfer Straße hinaus. 700 m nach dem Wechner Hof biegen Sie erneut rechts ab und fahren vom Ortsteil Viehhausen ins Zentrum von Grassau zurück.

R 9

Kaiserpanorama am Walchsee

▷ Streckenlänge
33 km
▷ Reine Fahrzeit
3,5 Std.
▷ Anforderung
mittelschwer (III)

Tourencharakter

Die mittelschwere Tour ist durch ihren hohen Steigungsanteil von knapp 7,5 km geprägt. Höhepunkte der Traumtour sind vor allem der atemberaubende Ausblick vom Niederndorferberg und die Parklandschaft rund um den Walchsee. Großräumig verläuft die Tour vom Grenzort Sachrang in das Tal an der Nordseite des Zahmen Kaisers, der stets auch im Blickfeld des Radlers liegt.

Wege	Bis auf 2 km Schotterwege in mäßigem Zustand durchgehend Teerstraßen
Verkehr	Knapp 10 km ganz verkehrsfrei, die Reststrecke wenig befahren
Steigungen	7,5 km, davon 4 km Schiebestrecke
Abfahrten	8 km
Höhenunterschied	460 m
Kritische Stellen	5 km Steilabfahrt (Teer) nach Niederndorf
Start	Sachranger Hof in Sachrang

Tips rund um die Tour

▶Fahrradempfehlung

Für diese Tour eignet sich jedes Fahrrad vom Tourenrad bis zum Mountainbike. Das Rad sollte jedoch möglichst leicht sein und eine Ketten- oder mindestens Fünfgang-Nabenschaltung besitzen.

▶Für Kinder
Die herrlichen Aussichtspunkte und die Bademöglichkeit am Walchsee begeistern Kinder. Die 7,5 km langen Anstiege und die Abfahrt nach Niederndorf lassen diese Tour jedoch nur für größere Kinder geeignet erscheinen.

▶Sehenswertes am Wege
Sachrang: Schmuckstück des Ortes ist die ●*Kirche St. Michael*, eine besonders schöne Landkirche im Stil des italienischen Barock. 1688 neu erbaut, enthält sie eine prächtige Altaranlage mit Gemälden und Figuren, eine eigenwillige Kanzel sowie sehenswerte Stuckierung und Fresken. Im stimmungsvollen Friedhof nebenan können Sie alte schmiedeeiserne Grabkreuze besichtigen.

Walchsee: Behäbiges Gebirgsdorf in traumhafter Lage am gleichnamigen See. Kulisse bildet das Massiv des Zahmen Kaisers. Das Wasser des Sees ist warm und moorhaltig. An mehreren Stellen laden Strandbäder zur Erfrischung ein.

Schwemm: Rund 2 km nordwestlich von Walchsee gelegene Moorlandschaft, die als die größte ihrer Art in Nordtirol gilt.

▶Einkehr
Sachrang: Gasthof Sachrangerhof (Mo), Terrasse
Buchberg: Gasthof Lederer (Mi), Terrasse
Durchholzen: Brandauer Hof (kein Ruhetag), Terrasse
Walchsee: Hotel Bellevue am See (kein Ruhetag), Seeterrasse
Postgasthof Fischerwirt (Di)
Walchseerhof (Do, außer Hauptsaison), Garten
Gasthof Eßbaum (Mi, außer Hauptsaison), Terrasse
Gasthof Kirchenwirt (kein Ruhetag)
Café Praschberger (kein Ruhetag), Tische im Freien
Schwaigs: Moarwirt (Mi und Do, außer Hauptsaison), Terrasse

▶Baden
Strandbäder an der Süd- und Ostseite des Walchsees. Am Ufer können Sie zahlreiche Windsurfer beobachten.

▶Abstecher
Ebbs: Besuch des »Unterländer Barockdoms«, eine festlich ausgestattete Kirche.

Durchholzen: Besuch der Sommerrodelbahn; Auffahrt mit dem Lift zum Grubenberg am Nordhang des Zahmen Kaisers (1060 m, herrliche Aussicht).

Streckenbeschreibung

▶▶ Abschnitt Sachrang – Niederndorf (9 km)
Zuerst fahren Sie durch Sachrang und dann auf der Hauptstraße zur Grenze. 100 m nach der Grenzstelle zweigt rechts ein Sträßchen nach Gränzing ab und führt gut 1,5 km steil nach oben. Dann eine Gabelung, an der Sie sich links halten. Nach 700 m sind Sie auf dem Scheitelpunkt. Das Inntal und die umgebende Bergwelt mit dem Kaisermassiv bieten ein hinreißendes Panorama, das Ihnen während der nun folgenden Abfahrt von 5 km ständig vor Augen bleibt. Die steile Abfahrt ist ein besonderer Genuß! Kurz vor **Niederndorf** folgen Sie links einem Sträßchen in Richtung Walchsee.

▶▶ Abschnitt Niederndorf – Walchsee (13 km)
Nach 1 km kommen Sie in Sebi an die B 172 und setzen schräg rechts gegenüber Richtung Ebbs fort. 200 m nach der Jennbachbrücke geht es links ab, nach einem kurzen Anstieg an der Wegegabelung noch einmal links, immer Richtung Walchsee. Sie stoßen auf eine Teerstraße, die rechts bei anhaltender Steigung zum Gasthof Lederer hochführt. Nun durchfahren Sie mit Ostkurs offene und aussichtsreiche Gemarkung und gelangen auf dem Radweg der B 172 nach **Durchholzen**.
600 m nach dem Ort zweigt am Café Liftstüberl rechts ein Sträßchen ab und verläuft – mit kurzem Links-rechts-Knick in Bichl – nach Oed. Dann geht es durch einen Campingplatz und in einem kleinen Bogen um den Walchsee zum Ort **Walchsee**. Diese Teilstrecke ist ideal zum »Genußradeln«: Parklandschaft, prächtige Ausblicke auf See, Ort und Berge (vor allem Zahmer Kaiser), dazu eben und verkehrsfrei.

▶▶ Abschnitt Walchsee – Sachrang (11 km)
Im folgenden richten Sie sich nach den grünen Radschildern Richtung Niederndorf und Rettenschöß. Sie verlassen Walchsee in Nordrichtung auf der Alleestraße, durchfahren mit Blick auf den Zahmen Kaiser das reizvolle Tal der Schwemm und biegen nach 3 km rechts ab. Bald darauf sind Sie in **Rettenschöß**.
Sie bleiben auf Nordwestkurs und erreichen nach kräftigem Anstieg und weiterem Auf und Ab den Ort Ritzgraben. Hier geht es durch ein kleines Gattertor und auf einem Feld-Wiesen-Weg über die Grenze bis auf die Höhe von **Grenzhub**. Dort begeben Sie sich zur Hauptstraße und radeln nach Sachrang zurück.

R 10 Über den Thiersee nach Kufstein

▷ **Streckenlänge**
30 km
▷ **Reine Fahrzeit**
3 Std.
▷ **Anforderung**
mäßig
anstrengend (II)

Tourencharakter

Die nur mäßig anstrengende Tour führt über die Ostausläufer des Mangfallgebirges zum malerisch gelegenen Thiersee und dann ins Inntal nach Kufstein. Besonders genußvoll ist die abschließende Fahrt am Inn entlang nach Oberaudorf. Kräftezehrend sind die Anstiege im ersten Teil der Fahrt; der starke Verkehr bei der Abfahrt nach Kufstein erfordert wirklich Konzentration und Vorsicht des Radlers.

Wege	Durchgehend Teerstraßen, ausgenommen 4 km Schotterwege
Verkehr	Die Hälfte der Strecke verkehrsfrei, auf 8 km starker Verkehr
Steigungen	4,5 km, davon 2 km Schiebestrecke
Abfahrten	6 km
Höhenunterschied	220 m
Kritische Stellen	Steiler, talseitig ungesicherter Schotterweg ins Tal der Thierseer Ache; verkehrsreiche Abfahrt nach Kufstein
Start	Pfarrkirche Oberaudorf

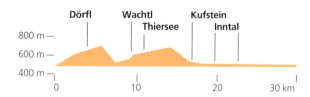

Tips rund um die Tour

▶ **Fahrradempfehlung**

Ein Tourenrad mit Gangschaltung reicht für diese Strecke aus.

▶ **Für Kinder**

Für Kinder ist das Bad im Thiersee interessant. Dem stehen knapp 5 km Steigungen, 8 km starker Verkehr und einige kritische Abfahrten gegenüber. Also für kleine Kinder nicht geeignet.

▶ Sehenswertes am Wege
Oberaudorf: Gepflegter Luftkurort, schön im Inntal vor dem Gebirgsstock des Wilden Kaisers gelegen. Im alpenländisch geprägten Ortskern die Kirche Mariä Himmelfahrt mit sehenswerter Ausstattung, auf dem Schloßberg die Ruine Auerburg (12. Jh.).

Thiersee: Landschaftlich reizvolle Lage am gleichnamigen See. Alle sechs Jahre findet im Ort ein Passionsspiel statt, das auf das Jahr 1799 zurückgeht.

Kufstein: Tiroler Grenzstadt im Inntal direkt am Fuß des Kaisergebirges. Wahrzeichen ist die hoch über der Stadt gelegene *Festung* aus dem 13. Jh. mit dem beherrschenden Kaiserturm (16. Jh.). Bemerkenswert auch die *Heldenorgel* im Bürgerturm, die täglich (12 Uhr, im Sommer auch 18 Uhr) zum Gedenken gefallener Soldaten gespielt wird und in weitem Umkreis zu hören ist. Das *Heimatmuseum* in der Festung zeigt volkskundliche und naturgeschichtliche Sammlungen (Di–So 9.30–11 Uhr, 13–16.30 Uhr; im Juli und August Führungen auch Mo). Lohnend ist ein Rundgang in der Stadt mit ihren sehenswerten Kirchen, Bürgerhäusern und Gassen, besonders schön u.a. die Römergasse.

▶ Einkehr
Oberaudorf: Gasthof Kaiserblick (Mi), Biergarten
Landgasthof Suppenmoser (Mo und Di), Terrassen
Gasthof Ochsenwirt (Di), Tische vor dem Haus
Vorderthiersee: Gasthof Weißes Rößl (kein Ruhetag), Gastgarten
Kufstein: Gasthof Goldener Löwe (kein Ruhetag)
Gasthaus Auracher Löchl (kein Ruhetag)
Ebbs: Gasthaus Zur Schanz (kein Ruhetag), Garten

▶ Baden
Freibäder in Oberaudorf, am Luegsteinsee (1 km südlich von Oberaudorf), am Thiersee und in Kufstein

▶ Abstecher
Auffahrt zum Wilden Kaiser (zwei Lifte); Besuch des »Unterländer Barockdoms« in Ebbs (schöner Kirchenraum)

Streckenbeschreibung

▶▶ Abschnitt Oberaudorf – Thiersee (11 km)
Start ist an der Pfarrkirche Oberaudorf. Sie verlassen den Ort in Richtung Kiefersfelden und biegen nach 700 m rechts ab (grünes Radschild

Nr. 50 Richtung Mühlau). Zunächst kommt ein ca. 1,5 km langen Anstieg, dann sind Sie in einem landschaftlich anmutigen Hochtal, wo es nach **Dörfl** weitergeht.

400 m nach Dörfl biegen Sie rechts Richtung Schopper Alm ab. Dieser Weg ist zwar gesperrt, aber in öffentlichen Karten (BLVA, Kompaß) als Radweg ausgewiesen. Wieder 1,5 km danach am Steilhang der Gießenbachklamm eine geschotterte Forststraße, die bei teilweise stärkerem Gefälle (Vorsicht!) und mit »Kaiserblick« ins Tal führt. Hier geht es rechts ab und auf wenig ansehnlicher Strecke zum Zollhaus Schöffau (Grenze). 100 m danach überqueren Sie die Brücke und schieben links hoch zum 400 Jahre alten Gasthaus in **Wachtl** (Fr Ruhetag).

100 m oberhalb von Wachtl eine Weggabelung, deren rechte Abzweigung zunächst langgezogen ansteigt und dann im leichten Auf und Ab weiter nach **Thiersee** verläuft. Dort bietet sich ein Rundgang direkt am Ufer des Sees an: Er ist ca. 2 km lang und eröffnet sehr schöne Ausblicke auf die Gegend.

▶▶Abschnitt Thiersee – Kufstein (7 km)

Nächstes Ziel ist Kufstein. Leider müssen Sie dorthin auf einer verkehrsreichen Straße radeln, die zunächst 3 km leicht ansteigt, dann aber bei mäßigem Gefälle und schönen Blicken auf das Kaisergebirge ins Inntal und nach Kufstein hinunterführt. Die Einfahrt erfolgt am besten auf der Zeller Straße, dann beim Fußgängersteg über die Gleise und von der Innbrücke direkt zum Unteren Stadtplatz.

▶▶Abschnitt Kufstein – Oberaudorf (12 km)

Jetzt beginnt die Schlußetappe. Sie radeln in Nordrichtung über Kaiserberg- und Oskar-Pirlo-Straße hinaus und setzen nach gut 1 km an einer Straßengabelung auf der Professor-Schlosser-Straße fort. Wenn Sie Ihre Fahrtrichtung konsequent beibehalten, kommen Sie über den Kaiserbach und dann an die B 175. Gegenüber führt ein Sträßchen zum **Inn-Ufer**.

Kurz darauf sind Sie auf Höhe des Gasthofes Schanz, wo der neuangelegte **Radweg** direkt am Innufer beginnt. Er ist flach, geteert und verkehrsfrei. Sie können angenehm radeln und haben sehr schöne Ausblicke auf Fluß, Inntal und umliegende Berge. In der Folge passieren Sie die Orte Oberndorf und Ebbs, dann die Staustufe und stoßen schließlich auf die Grenzstelle an der Innbrücke. Dort geht es links nach **Oberaudorf** zurück.

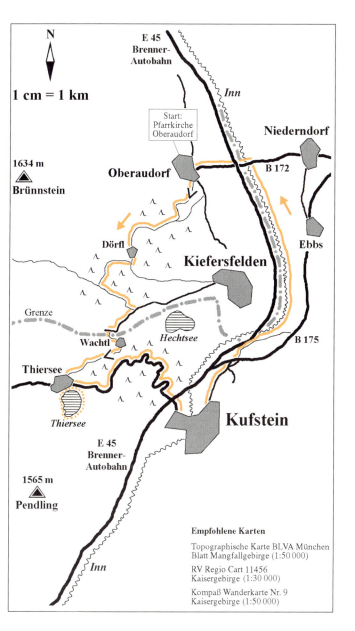

R 11
In den Schlierseer Bergen

- ▷ Streckenlänge **41 km**
- ▷ Reine Fahrzeit **4 Std.**
- ▷ Anforderung **sehr anstrengend (IV)**

Tourencharakter

Die mit 41 km Länge und 7 km Steigungen sehr anstrengende Tour führt zum Spitzingsattel und ins Tal der Roten Valepp, durchquert dann das Elendtal und verläuft schließlich über Ursprung- und Leitzachtal zurück. Die Belohnung: Vielfältige Landschaft von parkähnlicher Gegend bis zu urwüchsig-einsamer Bergregion, herrliche Ausblicke und genußvolle Abfahrten erwarten Sie.

Wege	Knapp die Hälfte Schotterwege, der Rest Teerstraßen
Verkehr	Zwei Drittel der Strecke verkehrsfrei, auf knapp 4 km stärkerer Verkehr
Steigungen	7 km, davon 5 km Schiebestrecke
Abfahrten	12 km
Höhenunterschied	380 m
Kritische Stellen	Im Elendtal zwei kurze Steilstücke abwärts auf losem Schotter. Vor allem das zweite Steilstück mit Haarnadelkurve sollten Sie besser schieben!
Start	Bahnhof Hammer

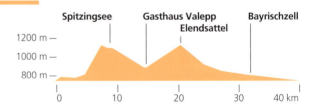

Tips rund um die Tour

▶ Fahrradempfehlung

Die Tour erfordert ein Mountainbike, All Terrain Bike oder Trekkingbike mit breiteren Reifen; dazu Kettenschaltung oder Siebengang-Nabenschaltung.

▶ Für Kinder
Die Tour ist nach Länge und Steigung für Kinder ungeeignet; auch fehlen die entsprechenden Anreize.

▶ Sehenswertes am Wege
Spitzingsee: Ein auf 1084 m Höhe liegender kleiner Bergsee in der reizvollen Landschaft der Schlierseer Berge. Er ist Mittelpunkt eines stark besuchten Wander- und vor allem Skigebiets. Der Ort Spitzingsee, eine kleine Feriensiedlung, entstand erst nach 1950.

Bayrischzell: Stattliches Gebirgsdorf in schöner Lage am Fuß des Wendelsteins (1840 m). Im Ortszentrum die ●*Kirche St. Margaretha;* Neubau 1734. Im Innenraum sind vor allem der feingegliederte Stuck und der frühbarocke Hochaltar mit vergoldeten Holzfiguren sehenswert. Auch die übrige Ausstattung (Seitenaltäre, Kanzel, Chorkruzifix u.a.) verdient Beachtung.

Geitau: Im Ort eines der ältesten Bauernhäuser der Gegend, das *Schmiedhäusl*, ein Holzbau aus dem Jahre 1532.

Wendelstein: Einer der bekanntesten bayerischen Aussichtsberge mit 1838 m Höhe. Auf dem Gipfel wichtige technische Anlagen, so eine Wetterwarte, Sonnenobservatorium, Sternwarte und Rundfunksender. Zwei Bergbahnen.

Das kleine Wendelstein-Kirchlein ist Deutschlands höchstgelegenes Gotteshaus.

▶ Einkehr
Aurach: Gasthaus Aurach (Di), Terrasse
Valepp: Bayerisches Forsthaus Valepp (kein Ruhetag), Terrasse
Bayrischzell: Forstgasthof Zipflwirt (Mo), Terrasse
Hotel-Gasthof Zur Post (Di)
Puppen-Raritäten Café (Di), Terrasse
Geitau: Postgasthof Rote Wand (Di, Mi bis 17 Uhr), Biergarten
Fischbachau/Hammer: Café Krugalm (Do und Fr), Garten

▶ Baden
Badestrand am Ostufer des Spitzingsees (kalt), beheiztes Alpenfreibad in Bayrischzell, ggf. Warmfreibad in Fischbachau

▶ Abstecher
Spitzingsee: Wanderung zur Unteren oder Oberen Firstalm
Auffahrt zum Taubenstein (1692 m) oder zum Stümpfling (1506 m), beide Gipfel mit schöner Aussicht
Osterhofen: Auffahrt zum Wendelstein. Besuch in Spitzingsee

Streckenbeschreibung

▶▶Abschnitt Hammer – Gasthaus Valepp (15 km)

Sie verlassen Hammer auf der Südseite der Bahnlinie über die Aumoosstraße nach Westen, biegen an der Hauptstraße links ab (Radweg) und gelangen zur B 307. Schräg rechts gegenüber das Gasthaus Aurach, auf dessen Rückseite ein Feld-Forst-Weg zur großen Spitzingstraße führt. Dort angekommen, setzen Sie drüben auf der Aurachstraße die Fahrt fort, stoßen nach 1,5 km auf die Josefsthaler Straße und kommen links zur alten Spitzingstraße in **Josefsthal**.

Nun beginnt der Aufstieg zum Spitzingsattel: Zuerst sind 1,5 km mittlere Steigungen auf der alten Spitzingstraße zu bewältigen. Dann treffen Sie auf die neue Spitzingstraße und haben noch einmal 1,3 km Steigungen vor sich, hier leider mit stärkerem Verkehr. Vom Spitzingsattel rollt das Rad bei schönen Ausblicken hinunter zum **Spitzingsee** und zum Mauthäuschen im Ort.

Die nachfolgende Abfahrt von gut 5 km ins Tal der Roten Valepp ist besonders genußvoll. Auf meist leicht bis mäßig abfallender und verkehrsarmer Strecke eröffnen sich weite Ausblicke auf diese schöne Berglandschaft. Dann gelangen Sie an eine große Gabelung und erreichen linkerhand das **Gasthaus Valepp**.

▶▶Abschnitt Gasthaus Valepp – Bayrischzell (17 km)

Weiter geht es in Südrichtung auf einem stellenweise stärker ansteigenden Schottersträßchen, bis Sie nach 1 km an eine Linksabzweigung Richtung Elendsattel/Zipflwirt kommen. Sie folgen diesem Weg und haben bis zum **Elendsattel** weitere, kräftige Steigungen zu meistern.

Ab hier geht es für 7 km in wildromantischer Berglandschaft talwärts. Abgesehen von zwei kurzen Steilpassagen (Vorsicht vor allem am zweiten Steilstück in einer Haarnadelkurve!) fällt der Weg nur leicht bis mäßig ab und führt durch ein schmales, stellenweise tief eingeschnittenes Tal an einem Bach entlang. Nach 2 km eine seichte Furt, nach 4 km eine parkartige Lichtung. Bald danach treffen Sie beim Zipflwirt ein und radeln von dort auf mäßig befahrener Straße nach **Bayrischzell**.

▶▶Abschnitt Bayrischzell – Hammer (9 km)

Die Ausfahrt erfolgt zunächst nach Nordwesten auf der Schlierseer Straße. Kurz vor ihrem Ende geht es dann links zur B 307 (nicht geradeaus!) und schräg links gegenüber auf der nach Süden abgehenden See-

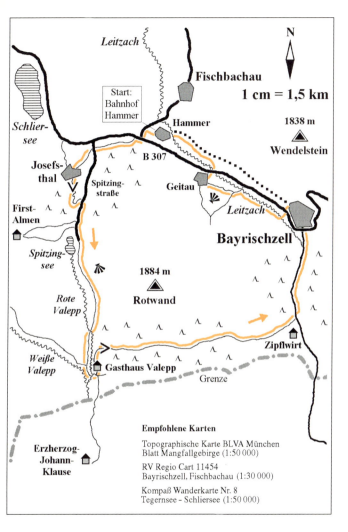

bergstraße weiter. Diese Straße bringt Sie zum Radweg Richtung Geitau. Die Strecke bietet herrliche Ausblicke auf den Wendelstein. Dann kommen Sie in **Geitau** an. Sie fahren am Schmiedhäusl vorbei und biegen danach rechts ab (grünes Radsymbol). Nach Überqueren der B 307 führt der Weg am Bahngleis entlang nach **Hammer** zurück.

R 12

Zur Erzherzog-Johann-Klause

▷ **Streckenlänge**
50 km
▷ **Reine Fahrzeit**
5 Std.
▷ **Anforderung**
sehr anstrengend (IV)

Tourencharakter

Die wohl schwierigste Tour dieser Sammlung führt quer durch die Schlierseer- und Tegernseer Berge. Schlüsselstelle ist ein Steilhang, der nur mit leichtem Gerät und guter Kondition erklommen werden kann. Den Anstrengungen von 12,5 km Steigungen steht ein intensives Naturerlebnis gegenüber: urwüchsige Berglandschaft sowie aussichtsreiche Höhenwege über Schluchten.

Wege	Halb Teerstraßen, halb Schotterwege, z. T. holprig
Verkehr	Überwiegend verkehrsfrei, sonst verkehrsarm
Steigungen	12,5 km, davon 5 km Schiebestrecke
Abfahrten	13 km
Höhenunterschied	370 m
Kritische Stellen	Entlang der Grundache-Schlucht breiter, aber z. T. ungesicherter Weg. Abfahrt zur Klause relativ steil (Schotter). Schwieriger Aufstieg westlich der Klause
Start	Kirche in Rottach-Egern

Tips rund um die Tour

▶ **Fahrradempfehlung**

Am besten eignet sich ein Mountainbike. Es geht jedoch auch ein All Terrain Bike oder ein Trekkingbike mit breiten Reifen. Ganz wichtig: Leicht muß das Rad sein (Tragestrecke)!

▶**Für Kinder**
Dies ist leider keine Tour für Kinder.

▶**Sehenswertes am Wege**
Rottach-Egern: Eleganter Kurort am Südufer des Tegernsees mit einer der schönsten Uferpromenaden am ganzen See. Dort auch die ●*Kirche St. Laurentius* (1466). 1672 barock umgestaltet; sie enthält eine anspruchsvolle Ausstattung, so die festliche Stuckierung, kunstvolle Altäre und eine Reihe von Schnitzwerken. Auf dem Friedhof daneben Gräber berühmter Persönlichkeiten, z. B. von Ludwig Ganghofer und Ludwig Thoma.
Enterrottacher Wasserfall (Zugang 2 km vor der Moni-Alm): Mehrere Kaskadenfälle in einer Felsschlucht.
Adlerhorst (300 m nach der Moni-Alm): Greifvogelpark mit lebenden Adlern, Uhus, Geiern u. a. Greifvögeln (Mai–Nov. 9–17 Uhr).
Kreuth: Heilklimatischer Kurort im Weißachtal. Die spätgotische *Kirche St. Leonhard* enthält sehenswerte Gemälde, Figuren und Kreuzwegtafeln. Auf dem Ringberg zwischen Kreuth und Rottach das *Schloß Ringberg*, erbaut zwischen 1913 und 1970 in Form einer mittelalterlichen Burg. Für Besucher nicht zugänglich.

▶**Einkehr**
Rottach-Egern: Malerwinkel (kein Ruhetag), Terrasse
Berg: Café-Restaurant Angermaier (Mo), Terrasse, Garten
Sutten: Moni-Alm (kein Ruhetag), Terrasse
Valepp: Bayerisches Forsthaus Valepp (kein Ruhetag), Terrasse
Brandenberg: Johann-Klause (kein Ruhetag), Tische im Freien
Kreuth: Schwaiger Alm (Mi), Terrasse
Gasthaus/Café Weißach-Alm (Mo und Di), Terrasse

▶**Baden**
Frei- und Strandbad in Rottach-Egern; Warmfreibad in Kreuth

Streckenbeschreibung

▶▶**Abschnitt Rottach-Egern – Erzherzog-Johann-Klause (26 km)**
Sie radeln auf der Seestraße zur B 307, dort links ab und gleich am Nordufer der Rottach hinaus (Ludwig-Thoma-Weg). Nach 3 km geht es auf dem Gutfeldweg zunächst über die Rottach und dann über die Valepper Straße nach **Elmau** hinüber.

Dort biegen Sie links ab und radeln in attraktiver Parklandschaft über Unterwallberg nach **Enterrottach**. Nun erwarten Sie bis zur Moni-Alm 2 km stärkere Steigungen. Sind sie geschafft, müssen Sie nach kurzer Flachstrecke nochmals gut 0,5 km bis zum Scheitelpunkt hoch. Dann aber steht Ihnen eine genußvolle Abfahrt von 5 km in schöner Berglandschaft bevor. Ziel dieser Etappe ist das **Gasthaus Valepp**.

Von hier nutzen Sie den nach Süden hochgehenden Forstweg, passieren die Abzweigung ins Elendtal und folgen dem ausgeschilderten Radweg. Er führt zur Grenze und dort – rechts abknickend – im Auf und Ab zum steilen Osthang der tief eingeschnittenen Grundache. Dieser Abschnitt ist landschaftlich besonders schön. Der Weg ist z.T. durch Fels geschlagen, verläuft direkt entlang der Schlucht (Vorsicht!) und bietet weite Ausblicke, u.a. auf den beherrschenden Stock des Schinders. 3 km nach der Grenze ist der Scheitelpunkt erreicht. Hier beginnt eine mäßig bis ziemlich steile Abfahrt von 4 km bis an den Zugang zur **Erzherzog-Johann-Klause**. Der Weg zur Klause beträgt 200 m.

▶▶ Abschnitt Erzherzog-Johann-Klause – Rottach-Egern (24 km)

Zunächst fahren Sie gut 300 m am Südufer der Bairache entlang, überqueren dann den Bach (Schild Richtung Kreuth) und radeln für 3,5 km in abgelegener Berglandschaft an der Bairache entlang nach Westen. Der Weg steigt meist leicht an und endet an einem Behelfssteg (Doppelbalken) über den Bach.

Hier beginnt der kritische **Aufstieg**: Die Route führt auf 300 m Länge steil nach oben und überwindet dabei rund 100 Höhenmeter. Es geht über Wurzelwerk und Felsgestein, z.T. auch direkt am ungesicherten Steilhang entlang. Das Rad muß abschnittsweise getragen werden. Dringend abgeraten wird vom Aufstieg, wenn der Boden feucht und rutschig ist. Oben geht der Steilpfad in einen schmalen Weg über, der am Bayrbach entlang und an der **Bayr-Alm** vorbei zu einer Diensthütte führt. Hier startet eine langgezogene vergnügliche Abfahrt von fast 7 km hinunter ins Weißachtal. Sie fahren auf asphaltierter Straße meist durch Wald, passieren erst die Langenau-Alm und gegen Ende der Talfahrt die **Schwaiger-Alm**.

Rund 800 m danach halten Sie sich an der Gabelung rechts Richtung Kreuth. Der Radweg im Tal der Weißach führt nach Riedlern und Kreuth, verläuft in den Auwäldern am Ostufer der Weißach und endet an der B 307 in Rottach. Auf der gegenüber abgehenden Fürstenstraße kommen Sie rasch wieder ins Zentrum von **Rottach-Egern**.

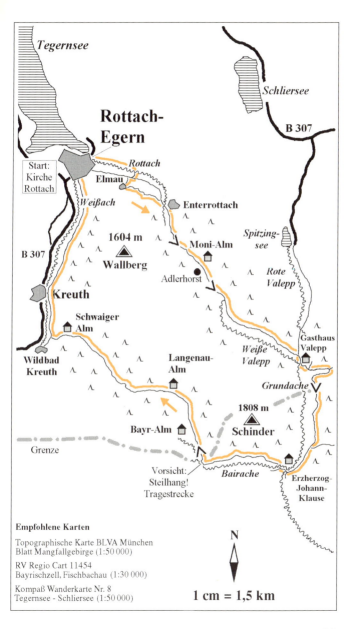

R 13

Auf der Schwarzentenn-Alm

▷ Streckenlänge
34 km
▷ Reine Fahrzeit
3,5 Std.
▷ Anforderung
mittelschwer (III)

Tourencharakter

Diese mittelschwere Tour führt in die Berge südlich des Tegernsees. Von Bad Wiessee über Bauer in der Au bis zur Schwarzentenn-Alm erwarten Sie 4 km Steigungen, danach aber auch »Genußradeln«.

Rund um den Hirschberg ist die Landschaft herber, im Weißachtal und am Tegernsee um so lieblicher. Der schönste Ausblick bietet sich oberhalb von Buch auf den Tegernsee.

Wege	20 km Schotterwege, meist gut befahrbar, sonst Teerstraßen
Verkehr	Zwei Drittel der Strecke verkehrsfrei, sonst geringer bis mäßiger Verkehr
Steigungen	5 km, davon 3,5 km Schiebestrecke
Abfahrten	6 km
Höhenunterschied	310 m
Kritische Stellen	Kurzes Steilstück (200 m auf Schotter) bei der Abfahrt von der Schwarzentenn-Alm ins Weißachtal
Start	Kuramt in Bad Wiessee

Tips rund um die Tour

▶ Fahrradempfehlung

Für diese Tour brauchen Sie ein Mountainbike oder All Terrain Bike bzw. Trekkingbike mit breiteren Reifen, Kettenschaltung oder mindestens Fünfgang-Nabenschaltung.

▶**Für Kinder**
Außer den Freibädern bietet die Strecke wenig Anreize für Kinder. Zudem sind 5 km Steigungen und eine stellenweise recht steile Schotterabfahrt zu bedenken. Fazit: Nur für Jugendliche.

▶**Sehenswertes am Wege**
Bad Wiessee: Nobler Kur- und Ferienort am Westufer des Tegernsees. Besitzt neben Rottach-Egern die schönste Uferpromenade am See, außerdem moderne Kureinrichtungen und eine Spielbank. Bad Wiessee ist auch idealer Ausgangspunkt für sportliche Aktivitäten: Wandern, Radeln, Wassersport, Golf, Wintersport u.a.
Kreuth: Siehe Tour R 12.
Rottach-Egern: Kurort am Südufer des Tegernsees mit einer schönen Uferpromenade. Die ●*Kirche St. Laurentius* von 1466 (1672 barock umgestaltet) enthält eine anspruchsvolle Ausstattung, festliche Stuckierung, kunstvolle Altäre und eine Reihe von Schnitzwerken. Auf dem Friedhof daneben Gräber berühmter Persönlichkeiten, z.B. von Ludwig Ganghofer und Ludwig Thoma.

▶**Einkehr**
Bad Wiessee: Hotel Seegarten (kein Ruhetag), Seeterrasse
Gasthof Zur Post (kein Ruhetag), Biergarten
Bauer in der Au (Mo), Biergarten
Kreuth: Schwarzentenn-Alm (kein Ruhetag), Terrasse
Schwaiger-Alm (Mi), Terrasse
Gasthof Zur Post (kein Ruhetag), Terrasse
Gasthaus/Café Weißach-Alm (Mo und Di), Terrasse

▶**Baden**
Strandbäder in Bad Wiessee und Altwiessee; Warmfreibad in Kreuth; See- und Warmbad sowie ein Seestrandbad in Rottach.

▶**Abstecher**
Auffahrt zum Wallberg (prächtiges Panorama).
Schiffsrundfahrt auf dem Tegernsee.

Streckenbeschreibung

▶▶**Abschnitt Bad Wiessee – Wildbad Kreuth (18 km)**
Start ist am Kuramt in Bad Wiessee. Sie fahren auf der Adrian-Stoop-Straße zum Lindenplatz und dort nach links auf die Seestraße. Über den

Dorfplatz, den Sonnenfeldweg und die Ringbergstraße kommen Sie zur Durchgangsstraße B 318 im Ortsteil Abwinkl, wo gegenüber der Bucherweg abgeht.
Alternative: Statt des Bucherweges können Sie auch die Strecke direkt durch das Söllbachtal wählen. Diese beginnt 100 m weiter nördlich nach der Söllbachbrücke links, führt direkt am Söllbach entlang und steigt durchgehend leicht bis mäßig an.
Wenn Sie den Weg nach Buch wählen, erreichen Sie nach gut 1,5 km Anstieg den Scheitelpunkt. Kurz vorher haben Sie eine großartige Aussicht auf den Tegernsee. Nach weiteren 1,5 km sind Sie beim **Bauer in der Au**, einem bekannten Ausflugslokal in parkartiger Umgebung. Weiter geht es in leichtem Auf und Ab Richtung Schwarzentenn-Alm (Kennzeichnung weißer Kreis mit grünem Punkt). Sie fahren überwiegend im Wald und haben deshalb kaum Aussicht.
1,5 km nach dem Ausflugslokal kommt eine Gabelung, dort rechts und nach weiteren 2,5 km Einmündung in die eigentliche Söllbachstraße. Kurz danach eine kräftige Steigung von 600 m, dann treffen Sie bei der reizvoll gelegenen **Schwarzentenn-Alm** ein.
Die 4 km lange Abfahrt ins Weißachtal zur B 307 verläuft vorwiegend durch Wald und weist bis auf ein 200-m-Steilstück nur leichtes bis mäßiges Gefälle auf. Unten überqueren Sie Bundesstraße und Weißachbrücke und folgen dem links abgehenden Weg Richtung Kreuth. Kurz vor **Wildbad Kreuth** stoßen Sie auf eine Querstraße, biegen dort rechts ab und folgen an der Brücke dem Schild Richtung Schwaiger-Alm. So gelangen Sie an die Abzweigung, wo links ein Radweg abgeht.

▶▶ Abschnitt Wildbad Kreuth – Bad Wiessee (16 km)
Dieser zum Radeln besonders angenehme Weg führt an der Ostseite der Weißach durch reizvolle Auenlandschaft und bietet stellenweise schöne Ausblicke, u.a. auf den Leonhardstein und später auf den Wallberg. Sie passieren den Ortsteil **Riedlern**, befahren danach die für Autos gesperrte Weißachaustraße bis Trinis und stoßen – weiter am Ostufer der Weißach bleibend – auf die B 307. Hier empfiehlt sich ein kurzer Abstecher ins Zentrum von **Rottach-Egern** (Einfahrt auf der Fürstenstraße, Ausfahrt über die Aribostraße).
Dann aber geht es auf dem Radweg entlang der B 318 weiter nach Bad Wiessee. Am Ortsrand zweigt rechts der Ringseeweg ab und mündet später in die Ringbergstraße. Ab hier kehren Sie auf bereits bekannter Strecke zum Kuramt in **Bad Wiessee** zurück.

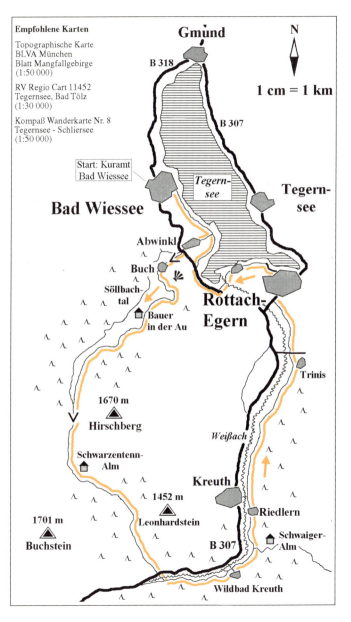

Durch die Jachenau zum Walchensee

▷ Streckenlänge
43 km
▷ Reine Fahrzeit
4 Std.
▷ Anforderung
mittelschwer (III)

Tourencharakter

Schauplatz dieser mittelschweren Tour ist der Isarwinkel, genauer gesagt, das Jachenautal am Fuße von Brauneck und Benediktenwand. Die Hinfahrt verläuft durch das unberührte Hochtal des Rehgraben und über Jachenau zum Walchensee. Die Uferpassage ist der landschaftliche Höhepunkt der Tour mit prachtvollen Ausblicken auf See und Berge. Zurück geht es durch das Reichenautal und auf der Verkehrsstraße.

Wege	Halb Teerstraßen und halb Schotterwege, letztere z. T. in schlechtem Zustand
Verkehr	Knapp zwei Drittel der Strecke verkehrsfrei, 11 km verkehrsreicher
Steigungen	4,5 km, davon 3 km Schiebestrecke
Abfahrten	6 km
Höhenunterschied	180 m
Kritische Stellen	Die Schotterabfahrt nach Höfen ist stellenweise ziemlich steil.
Start	Ortsmitte Leger

Tips rund um die Tour

▶ Fahrradempfehlung

Für die Tour eignet sich auch ein Tourenrad, besser ist jedoch ein Trekking-Rad mit breiteren Reifen bzw. ein Mountainbike oder All Terrain Bike. Kettenschaltung oder mindestens Fünfgang-Nabenschaltung sollte vorhanden sein.

▶ **Für Kinder**
Der Walchensee ist bei Kindern beliebt. Dem stehen 4,5 km Steigungen und 11 km verstärkter Verkehr gegenüber: Für größere Kinder geeignet.

▶ **Sehenswertes am Wege**
Jachenau: Ein landschaftlich herbes, aber nicht minder reizvolles Hochtal entlang des Jachen. Es liegt an der Südseite von Brauneck (1555 m) und Benediktenwand (1801 m) und ist Ausgangspunkt vieler Wanderungen. Im Winter beliebtes Skilanglaufgebiet. Das 15 km lange und naturbelassene Tal ist wenig besiedelt und endet am Walchensee. Im **Ort Jachenau** ist die mittelalterliche *Kirche St. Nikolaus* mit Wessobrunner Stuck, Deckengemälden und Altaranlage des 18. Jh. sehenswert.
Walchensee (802 m): Mit 16 km² größter deutscher Gebirgssee. Er ist fast 190 m tief und neben dem Königssee tiefster See Oberbayerns. Sein häufig türkisfarbenes Wasser ist klar und kalt. Bei schönem Sommerwetter starker Besucherandrang zum Surfen und Baden. Die Hauptorte am See sind Urfeld, Walchensee und Einsiedl.
Benediktenwand: Im Volksmund heißt sie »Beni« und ist mit 1801 m eine der höchsten Erhebungen am Nordrand der Bayerischen Alpen. Aufstieg von mehreren Seiten möglich. Die Aussicht am Gipfel ist großartig und umfaßt die Alpenkette vom Wilden Kaiser bis zu den Allgäuer Alpen und das Alpenvorland vom Ostallgäu bis zum Chiemgau.

▶ **Einkehr**
Leger: Café Landerer Mühle (Fr), Terrasse
Jachenau: Gasthof Zur Post (Mo), Biergarten
Gasthof Jachenau (Di), Terrasse
Niedernach: Waldschänke (Do und Fr), Terrasse

▶ **Baden**
Badeplätze am Ostufer des Walchensees

▶ **Abstecher**
Abstecher zur Rappinschlucht, ab der Gabelung 700 m nach der Bergl-Alm für 2 km nach Norden.

Streckenbeschreibung

▶▶ Abschnitt Leger – Jachenau (14 km)
Am Gasthaus Leger folgen Sie dem nach Südwesten abgehenden Schotterweg Richtung Jachenau (gelbes Schild). Er führt zuerst durch

stille Wiesenlandschaft, dann durch Wald und stößt nach 3 km auf eine Forststraße. Sie biegen hier links ab und haben nun eine starke Steigung von 1 km vor sich. Oben erreichen Sie die einsam gelegene **Rehgraben-Alm.**

Weiter geht es bei reizvollen Ausblicken in ein unberührt wirkendes Hochtal, das stellenweise Moorcharakter hat. Sie radeln durch Wald und über größere Lichtungen und treffen nach 7 km erneut auf eine Forststraße. Hier rechts ab und auf mäßig bis ziemlich steiler Strecke mit Prachtaussicht auf die Benediktenwand hinunter ins Jachental. Vorsicht bei dem losen Schotter! Kurze Zeit später sind Sie in Höfen und an der Hauptstraße. Wenn Sie dort links abbiegen, gelangen Sie bei lebhaftem Verkehr 4 km weiter nach **Jachenau.**

▶▶Rundfahrt am Walchensee (15 km)

Sie fahren gegenüber vom Gasthaus Post Richtung Berg hinaus, erreichen diesen Ortsteil nach 1 km Anstieg und können dort den schönen Rückblick genießen. Dann setzen Sie Ihren Weg in Westrichtung fort, bleiben an der folgenden Gabelung rechts und haben nun erneut eine ansteigende Strecke von 1 km zu überwinden, hier auf steinigem Untergrund. Aber Sie müssen ja ohnehin schieben! Kurz nach der Fieberkapelle mündet der Weg in eine Teerstraße. Ab hier rollt das Rad meist von alleine durch ein anmutiges Hochtal nach **Sachenbach** hinunter.

Am Westrand des Ortes zweigt links ein Weg ab, der später am Ufer des Walchensees entlangführt und herrliche Weitblicke auf See und Berge eröffnet. Leider ist er auf gut 2 km für Räder gesperrt, so daß Sie dort schieben müssen. Aber es lohnt sich! Endstation des Uferweges ist **Niedernach**, wo Sie dann noch rund 4,5 km auf der Mautstraße bis Jachenau vor sich haben.

▶▶Abschnitt Jachenau – Leger (14 km)

Nach Ausfahrt Richtung Lenggries biegen Sie nach 500 m links zur Bergl-Alm ab und haben eine letzte Steigung mit gut 500 m vor sich. 700 m nach der Bergl-Alm erreichen Sie eine Gabelung: Dort halten Sie sich rechts und durchfahren nun das **Reichenautal**, ein abgelegenes und naturbelassenes Bergtal, das nur an den Lichtungen Ausblicke bietet. Der Weg fällt meist leicht ab, ist aber vereinzelt aufgeweicht und insgesamt von gröberem Belag. Sie kommen wieder an die Hauptstraße und fahren nun bei stärkerem Verkehr (besonders an Wochenenden) die 7 km nach **Leger** zurück.

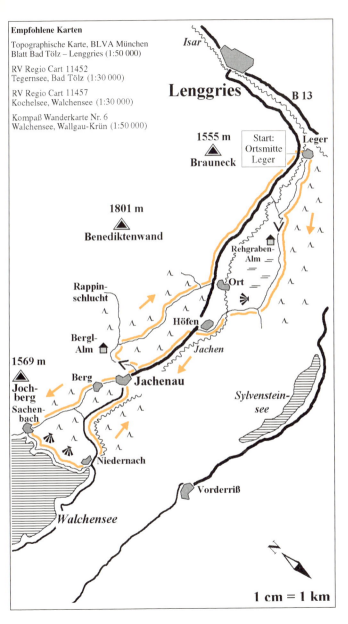

R 15 Unberührtes Bergland im Dürrachtal

- Streckenlänge **22 km**
- Reine Fahrzeit **2 Std.**
- Anforderung **leicht (I)**

Tourencharakter

Die kurze, leichte Tour führt vom Sylvensteinsee in das nördliche Karwendelgebirge. Nach Aufstieg und Durchquerung des Dürrachtals sind alle Wege für Fahrräder gesperrt. Zwei Möglichkeiten bieten sich an: Entweder Sie kehren um, oder Sie setzen Ihren Ausflug zu Fuß fort, z.B. in das reizvolle Bächental. Die Tour bietet Stille, unverfälschte Berglandschaft und Entspannung.

Wege	Ein Viertel der Strecke gut befahrbare Schotterwege, der Rest geteert
Verkehr	Durchgehend verkehrsfrei
Steigungen	3 km, davon gut 1 km Schiebestrecke
Abfahrten	5 km
Höhenunterschied	340 m
Kritische Stellen	Im Dürrachtal auf 7 km eine relativ breite, aber talseitig ungesicherte Fahrstraße.
Start	Ortsmitte von Fall

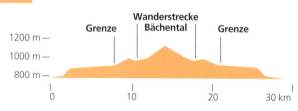

Tips rund um die Tour

▶ Fahrradempfehlung

Für diese Tour eignet sich alles, vom Tourenrad bis zum Mountainbike. Ketten- oder mindestens Dreigang-Nabenschaltung sollte allerdings vorhanden sein.

▶Für Kinder
Der Sylvensteinspeicher und der Stausee begeistern die Kinder. Auch hinsichtlich der Kürze der Strecke ist die Tour für Kinder zu empfehlen.

▶Sehenswertes am Wege
Sylvensteinsee: Künstlicher Stausee, 1959 angelegt. Sein Zweck ist neben der Stromgewinnung die Regulierung der Isar und damit ein verbesserter Schutz vor Überschwemmungen im Isartal. Der See ist 8 km lang, 4 km^2 groß und bis zu 23 m tief. Offizielle Wassersportmöglichkeiten gibt es am See nicht.

Fall: Das alte Dorf Fall wurde 1959 geopfert und liegt auf dem Grund des Sylvensteinsees. Dafür wurde eine neue Kleinsiedlung am Südufer des Speicherbeckens errichtet.

▶Einkehr
Fall: Gasthaus Faller Hof (Fr), Terrasse

▶Baden
Kein Bademöglichkeit an der Strecke.

▶Abstecher
Angesichts der Kürze der Radstrecke bieten sich neben den nachfolgend beschriebenen Wanderungen ins Bächental oder Tal des Eiskönigbachs auch ergänzende Bergwanderungen an: Aufstieg zum Demeljoch (1923 m) oder Aufstieg zum Schafreuter (2100 m). Letzterer vom Dürrachspeicher aus ins Tal des Baumgartenbachs über Baumgarten-Niederleger. Aber Vorsicht: Besonders die Schafreuter-Tour ist sehr lang und nicht ganz leicht!

Streckenbeschreibung

Der erste Teil dieser Tour führt zunächst 11 km durch das Dürrachtal von Fall bis zum Dürrachspeicher. Dort sind jedoch die beiden abgehenden Täler für Fahrräder gesperrt. Sie sollten also umkehren oder die Radtour durch eine reizvolle Fußwanderung ergänzen. Die Fahrräder können in einer überdachten Fahrradgarage zurückgelassen werden.

▶▶Abschnitt Fall – Dürrachspeicher (11 km)
In Fall radeln Sie auf Schöttl- und Dürrachstraße Richtung Süden hinaus. Nach gut 1,5 km geht es über eine Brücke (Blick auf den Sylvensteinsee!) und 100 m danach an einer Weggabelung rechts in Richtung

Bächental weiter. Hier beginnt nun ein 1,3 km langer, mäßig steiler Anstieg, der einzige ernsthafte der ganzen Strecke; danach folgen rund 7 km weitgehend flache Strecke.

Die geteerte Forststraße verläuft am Steilufer der tief eingeschnittenen Dürrach, die Talseite ungesichert. Vorsicht also trotz breiter Straße! Landschaftlich handelt es sich um ein enges, meist bewaldetes Tal, vom Grundcharakter etwas herb und karg. Ausblicke bieten sich nur an vereinzelten Stellen.

Nach 8 km erreichen Sie die österreichische Grenze. Ab hier ist die Straße geschottert. 2,5 km danach kommen Sie zum **Dürrachspeicher.** Kurz danach, an einer Gabelung, ist die Weiterfahrt mit dem Rad verboten! Eine Fahrradgarage nimmt Ihr Fahrrad auf, wenn Sie die Tour zu Fuß fortsetzen.

Hierzu zwei Wander-Vorschläge:

▶▶Wanderung ins Tal des Eiskönigbachs (7,5 km)

Sie wandern an der Gabelung rechts mit Aussicht auf den Schafreuter nach Westen in das Baumgartental. Nach 1,5 km eine Gabelung, hier links und – vorbei an einem Wildfutterplatz – in das Tal des Eiskönigbachs. Die Landschaft ist sehr einsam, etwas verwildert und karg, aber dennoch faszinierend. Wer solche Gegenden mag, liegt hier richtig. Nach gut 3 km ein schöner Blick auf den Talschluß. Hier können Sie umkehren, bei entsprechender Kondition aber auch noch weiterwandern.

▶▶Wanderung ins Bächental (7 km)

Hier wählen Sie an der Gabelung die linke Abzweigung. Dieses Tal wird vom Lauf des Tiefenbachs geprägt und ermöglicht schöne Ausblicke auf die umgebenden Berghänge. Nach einem steilen 300-m-Anstieg (Talseite tief abfallend und ungesichert!) öffnet sich die Landschaft noch mehr.

Ein Ziel der Wanderung könnte die Katzenschlagl-Alm, aber auch die deutlich höher gelegene Tannauer-Alm sein. Im Vergleich zum Eiskönigtal ist dieses Tal landschaftlich freundlicher und für eine Wanderung gut geeignet.

▶▶Abschnitt Dürrachspeicher – Fall (11 km)

Jetzt steigen Sie wieder in den Sattel und radeln zurück. Die Strecke bleibt die gleiche, erwähnenswert noch der veränderte Blickwinkel und die schöne Abfahrt nach Fall hinunter.

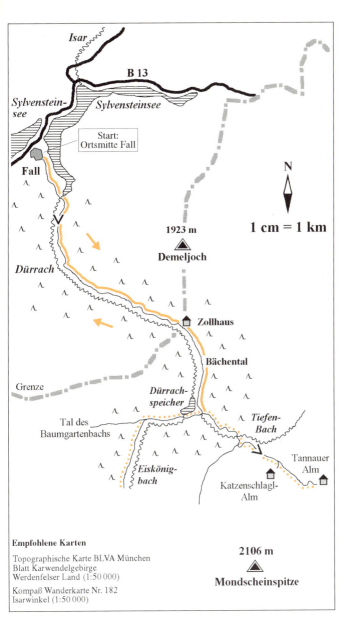

R 16 Zum Ahornboden in der Eng

▷ Streckenlänge
50 km
▷ Reine Fahrzeit
4,5 Std.
▷ Anforderung
sehr anstrengend (IV)

Tourencharakter

Die mit 50 km Streckenlänge und 7 km Steigungen sehr anstrengende Tour führt am rauschenden Rißbach entlang mitten ins Karwendelgebirge: kühne Felsmassive beiderseits des Rißtals, herrliche Ausblicke und am Ende der Große Ahornboden, schönstes Hochtal dieser Alpenregion. Auf der Rückfahrt läuft das Rad meist von alleine: »Genußradeln« im wahrsten Sinne des Wortes.

Wege	Durchgehend asphaltierte Straßen
Verkehr	Auf ganzer Strecke leichter bis mäßiger Verkehr, abschnittsweise und an Wochenenden auch lebhafter
Steigungen	7 km, davon 2,5 km Schiebestrecke
Abfahrten	12 km
Höhenunterschied	420 m
Kritische Stellen	Keine
Start	Gasthaus Zur Post in Vorderriß

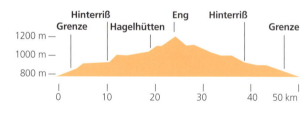

Tips rund um die Tour

▶ Fahrradempfehlung

Ein Tourenrad reicht für diese Tour aus. Das Fahrrad sollte jedoch eine Kettenschaltung oder möglichst Fünf- bzw. Siebengang-Nabenschaltung haben.

▶**Für Kinder**
50 km Streckelänge, anhaltende Steigungen und zeitweise auflebender Verkehr lassen von einer Mitfahrt abraten, obwohl die Tour auch für Kinder ein großartiges Naturerlebnis wäre.

▶**Sehenswertes am Wege**
Karwendelgebirge: Größtes Naturschutzgebiet der Ostalpen. Begrenzt wird es im Süden vom Inn, im Westen und Norden von der Isar und im Osten vom Achensee. Ausdehnung ca. 900 km^2. Das Karwendelgebirge besteht aus vier Kalkketten, von denen die Hinterau-Vomper-Kette der Hauptkamm ist. Darauf auch der höchste Karwendelgipfel, die Birkkarspitze (2749 m). Das Karwendel besitzt kaum Bergbahnen und ist fast gänzlich unbesiedelt.
Riß- und Engtal führen von Nord nach Süd mitten ins Zentrum des Karwendel. In diesen Tälern präsentiert sich die Landschaft von besonderem Reiz: eindrucksvolle Felstürme und Steilwände, grünüberzogene Almhänge und im Tal der klare blaugrüne Rißbach. An vielen Stellen großartige Aussicht auf Tal und Gebirge.
Hinterriß: Einzige ganzjährig bewohnte Siedlung im Karwendel. *Jagdschloß* aus dem 19. Jh., bevorzugter Aufenthalt der belgischen Königsfamilie. Über dem Eingang des Gasthofes Zur Post schöne Lüftlmalereien.
Großer Ahornboden: Gilt mit seinen mehrhundertjährigen Ahornbäumen und den dahinter aufsteigenden Felswänden als schönstes Hochtal dieser Alpenregion. Eine besonders malerisches Bild bietet sich dort im Herbst.

▶**Einkehr**
Vorderriß: Gasthaus Zur Post (Mi ab 18 Uhr und Do), Biergarten
Hinterriß: Weitgrieß-Alm (kein Ruhetag), Tische im Freien
Gasthaus Zur Post (kein Ruhetag), Terrasse
Herzoglicher Alpenhof (kein Ruhetag)
Hinterriß-Eng: Alpengasthof Eng (kein Ruhetag), Terrasse

▶**Baden**
Leider kein Freibad an der Strecke.

▶**Abstecher**
Zahlreiche Möglichkeiten für kurze Wanderungen in Seitentäler des Rißtals, z.B. Tortal, Johannestal, Laliderertal. Weitere Abstecher bieten sich dem Naturfreund vom Talschluß zur Bins-Alm (1502 m) oder zur Gramei-Alm (1733 m) an.

Streckenbeschreibung

Das Rißtal von Vorderriß bis zur Eng ist ein besonders schönes Gebirgstal. Als Radkurs weist es bis zum Talschluß fast durchgehend leichte, stellenweise auch etwas stärkere Steigungen auf.

▶▶ Abschnitt Vorderriß – Hinterriß (11 km)
Der Start erfolgt am Gasthaus Zur Post in Vorderriß. Erste Ziele sind das Zollamt nach knapp 1 km und dann die deutsch-österreichische **Grenze** nach gut 5 km. Sie radeln zunächst durch einfaches Bergland mit Ausblick auf das trockene Rißbachbett und die bewaldeten Buckel beiderseits des Tales.
Kurz nach der Grenze öffnet sich die Landschaft, und die Aussicht wird umfassender. Sie passieren bei anhaltend leichten Steigungen die Weitgriesalm und erreichen mit herrlichem Karwendelblick nach 11 km den Ort **Hinterriß**.

▶▶ Abschnitt Hinterriß – Eng (14 km)
Direkt nach Hinterriß der gleiche Anblick: prachtvolles Panorama mit Rißtal und Rißbach, an der Seite die Felsmassive von Risser- und Laliderer Falk (beide gut 2400 m) und hinten u. a. die Bettlerkarspitze (2268 m). Nach 12,5 km der Tour erreichen Sie die **Mautstelle**.
Es läßt sich weiterhin schön radeln, die Steigungen sind nur stellenweise zu spüren. Der Blick auf die Felsstöcke am Ende des Rißtals wird immer eindrucksvoller. Dann gelangen Sie nach kräftigeren Steigungen beim 20. km der Tour zu den **Hagelhütten**. Ihr Name kommt von den schweren Unwettern, die in dieser Gegend den Radfahrer und Wanderer unversehens überraschen.
Nun dreht die Route von Südost auf Süd und bringt Sie 2 km weiter zum **Großen Ahornboden**, einem schönen Naturpark, der von Felswänden umgeben ist. Es verbleiben jetzt noch 3 km bis zur **Eng**, die durchgehend leicht bis mäßig ansteigen. Dann sind Sie am Ziel und können sich in einem der Gasthäuser stärken.

▶▶ Abschnitt Eng – Vorderriß (25 km)
Die Rückfahrt gehört zweifellos zur Kategorie »Genußradeln«! Auf der Hälfte der Strecke rollt das Fahrrad von alleine, der restliche Teil ist eben oder fällt nur leicht ab. Gegensteigungen sind lediglich auf einer Länge von 300 m zu überwinden.

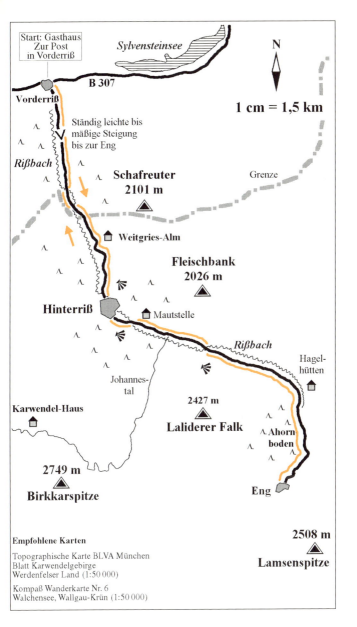

»Genußradeln« im Karwendeltal

▷ Streckenlänge
40 km
▷ Reine Fahrzeit
4 Std.
▷ Anforderung
mittelschwer (III)

Tourencharakter

Die mittelschwere Tour führt von Mittenwald in eines der großartigsten Karwendeltäler: Felsstöcke und Steinwände zu beiden Seiten, faszinierende Licht- und Farbstimmungen. Das gibt es aber nicht umsonst: 5 km Steigungen und 40 km Strecke werden von Ihnen gefordert! In Mittenwald können Sie dann nach dem Naturerlebnis Kunst und Kultur genießen. Eine weitere Traumtour!

Wege	Drei Viertel der Strecke sind Schotterwege, meist in gutem Zustand, der Rest Teerstraßen
Verkehr	Mäßiger Verkehr auf rund 10 km, sonst verkehrsfrei
Steigungen	5,5 km, davon 2 km Schiebestrecke
Abfahrten	8 km
Höhenunterschied	410 m
Kritische Stellen	Mäßig steile Schotterabfahrt nach Scharnitz, bei vorsichtiger Fahrweise aber kein Problem
Start	Bahnhof Mittenwald

Tips rund um die Tour

▶Fahrradempfehlung

Für die Tour eignet sich ein Mountainbike oder All Terrain Bike bzw. Trekking Bike mit breiten Reifen, Kettenschaltung oder möglichst Siebengang-Nabenschaltung.

▶ **Für Kinder**
Dem landschaftlichen Erlebnis stehen 40 km Streckenlänge und gut 5 km Steigungen gegenüber. Für größere Kinder und Jugendliche aber geeignet.

▶ **Sehenswertes am Wege**
Mittenwald: Luftkurort zwischen Karwendel und Wetterstein. Besondere Beachtung verdient das alpenländische *Ortsbild* in der Obermarktstraße mit bemalten Giebelhäusern. Dort auch die Rokokokirche ●*St. Peter und Paul* mit bemaltem Turm, einem der schönsten Südbayerns, und festlicher Ausstattung: Stukkaturen von Schmuzer, Deckenfresken von M. Günther, kunstvolle Altäre sowie meisterliche Schnitzfiguren und Grabdenkmäler.
Vor der Kirche das Denkmal von Matthias Klotz, der den Mittenwalder Geigenbau begründet hat. Das *Geigenbau- und Heimatmuseum* (Mo–Fr 10–12 Uhr, 14–17 Uhr; Sa/So 10–12 Uhr) zeigt Zeugnisse dieses Handwerks.
Hervorragende Beispiele von Fassadenmalerei (»Lüftlmalerei«): im Gries (ältester Ortsteil Mittenwalds) sowie in der Ballengasse, Goethestraße, am Malerweg und am Obermarkt, meist von Franz Karner oder Franz Zwinck.
Scharnitz: Kleiner Kur- und Grenzort, der sich als Ausgangspunkt für Wanderungen ins Karwendel einen Namen gemacht hat.
Karwendelgebirge: Siehe Tour R 16.
Karwendeltal: Ein von Scharnitz zum Karwendelhaus verlaufendes Gebirgstal, ca. 16 km lang mit 800 m Höhenunterschied. Landschaftlich besonders faszinierend wegen der prächtigen Ausblicke und der schönen Farb- und Lichtstimmungen.

▶ **Einkehr**
Mittenwald: Wirtshaus am Platzl (Mi)
Hotelgasthof Jägerhof (kein Ruhetag), Terrasse
Scharnitz: Gasthof Risserhof (kein Ruhetag), Terrasse
Karwendeltal: Larchet-Alm (kein Ruhetag), Tische im Freien

▶ **Baden**
Freibecken im Hallenbad Mittenwald

▶ **Abstecher**
Auffahrt zur Westlichen Karwendelspitze (Prachtaussicht);
Besuch der Leutaschklamm (23 m hoher Wasserfall) am Südrand von Mittenwald.

Streckenbeschreibung

Das Karwendeltal ist für Autos gesperrt, für Radler aber offen. Ziel der Tour kann die Larchet-Alm oder die Anger-Alm sein. Bei entsprechender Kondition können Sie auch das Karwendelhaus in 1700 m Höhe ansteuern.

▶▶Abschnitt Mittenwald – Scharnitz (7 km)
Sie fahren auf der Bahnhofstraße zur Karwendelstraße und dort Richtung Grenze hinaus. Nach der Isar geht es rechts in die Riedkopfstraße und weiter zur nächsten Isarbrücke, die Sie überqueren. Nun radeln Sie auf einem schönen Weg mit prächtiger Aussicht auf Karwendel- und Wettersteinmassive nach Süden. Nach 3 km teilt sich der Weg: Links am Uferweg durchqueren Sie eine reizvolle Latschenpflanzung und gelangen nach einem Rechtsbogen an ein Wegedreieck. Dort scharf links, vor zur Hauptstraße und rechts zur Zollstelle: zur Kirche nach **Scharnitz**.

▶▶Abschnitt Scharnitz – Anger-Alm (13 km)
Direkt vor der Kirche geht es links in die Hinterautalstraße und nach 500 m links auf den Auweg, dann über die Isar und gleich rechts Richtung Karwendelhaus. Nach weiteren 500 m ein Wegedreieck, dort rechts. Kurz danach an der Gabelung Übergang in einen Schotterweg, der geradewegs in das **Karwendeltal** führt.
Dieser Weg steigt zunächst gut 1 km an, verläuft noch ein Stück durch Bergwald und öffnet sich dann. Ab hier bieten sich hinreißende Ausblicke auf das Karwendelmassiv. Nach einer ganz sacht abfallenden Teilstrecke steigt der Weg erneut leicht an, passiert einen Wildfutterplatz und bringt Sie zur bewirtschafteten **Larchet-Alm**.
Wenn Sie sich entschließen weiterzuradeln, könnte die Anger-Alm Ihr nächstes Ziel sein. Die Steigungen halten an, das Tal verengt sich allmählich und wird schroffer. Nach 4 km erreichen Sie einen reizvollen Talkessel, in dem die **Anger-Alm** liegt. Von hier können Sie bei entsprechender Kondition zum **Karwendelhaus** hinaufradeln oder vielmehr -schieben: Es sind noch etwa 6 km und rund 450 Höhenmeter.

▶▶Abschnitt Anger-Alm – Mittenwald (20 km)
Zurück geht es auf gleicher Strecke. Bis Scharnitz rollt das Rad weitgehend alleine, und Sie haben Gelegenheit, die Welt des Karwendel noch einmal in vollen Zügen zu genießen.

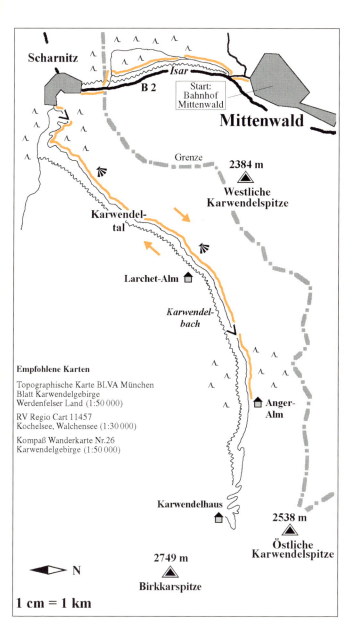

R 18

Zur Kasten-Alm unter Felsgipfeln

▷ Streckenlänge
43 km
▷ Reine Fahrzeit
4 Std.
▷ Anforderung
mittelschwer (III)

Tourencharakter

Die mittelschwere Tour führt mitten ins Karwendelgebirge – von Mittenwald über Scharnitz ins stille Hinterautal, wo die Isar entspringt. Ziel ist die besonders reizvoll gelegene Kasten-Alm.

Karwendel bedeutet stets landschaftliche Faszination: Auf dieser Tour beeindrucken die Licht- und Farbstimmungen sowie die kühn aufragenden Felsmassive dieser Gebirgsregion.

Wege	Drei Viertel der Strecke gut befahrbare Forst- und Bergwege, sonst Teerstraßen
Verkehr	Nur in Mittenwald und Scharnitz, sonst weitgehend verkehrsfrei
Steigungen	5 km, davon rund 0,5 km Schiebestrecke
Abfahrten	9 km
Höhenunterschied	310 m
Kritische Stellen	Die Forststraße ist zwar ausreichend breit, an Steilhängen aber talseitig z.T. ungesichert.
Start	Bahnhof Mittenwald

Tips rund um die Tour

▶Fahrradempfehlung

Mountainbike bzw. All Terrain Bike oder Reiserad mit breiten Reifen; Kettenschaltung oder möglichst Siebengang-Nabenschaltung.

▶ **Für Kinder**
Wegen der Streckenlänge und der Steigungen ist von einer Mitfahrt abzuraten, besonders weil auf dieser Tour – leider – Attraktionen für Kinder fehlen.

▶ **Sehenswertes am Wege**
Mittenwald: Luftkurort zwischen Karwendel und Wetterstein. Sehenswert sind neben den Lüftlmalereien an den Häusern vor allem das malerische *Ortsbild* in der Obermarktstraße sowie die Rokokokirche ● *St. Peter und Paul* mit bemaltem Turm.
Beachten sollten Sie besonders das Denkmal von Matthias Klotz, der den Mittenwalder Geigenbau begründet hat, sowie das *Geigenbau- und Heimatmuseum* (Mo–Fr 10–12 Uhr, 14–17 Uhr; Sa/So 10–12 Uhr). Weitere Einzelheiten siehe Tour R 17.
Scharnitz: Kleiner Kur- und Grenzort, der sich als Ausgangspunkt für Wanderungen im Karwendel einen Namen gemacht hat.
Karwendelgebirge: Größtes Naturschutzgebiet der Ostalpen, das im Süden vom Inn, im Westen und Norden von der Isar und im Osten vom Achensee begrenzt wird. Ausdehnung ca. 900 km^2. Weitere Informationen siehe R 16.
Hinterautal: Rund 13 km lang, Anstieg etwa 250 Höhenmeter. Landschaftlich unverfälschtes und einsames Gebirgstal zwischen Karwendel-Hauptkamm und der Gleirsch-Halltal-Kette. Isar-Ursprung ca. 2 km westlich der Kasten-Alm. An der Strecke selbst ist der Isar-Ursprung nur schwer bestimmbar.

▶ **Einkehr**
Mittenwald: Wirtshaus am Platzl (Mi)
Hotelgasthof Jägerhof (kein Ruhetag), Terrasse
Scharnitz: Gasthof Risserhof (kein Ruhetag), Terrasse
Gasthof Goldener Adler (Di)
Gasthof-Café Wiesenhof (Mi), Terrasse
Hinterautal: Kasten-Alm (geöffnet von Anfang Juni bis Mitte September), einfache Getränke, einfache Brotzeit

▶ **Baden**
Freibecken im Hallenbad Mittenwald.

▶ **Abstecher**
Auffahrt zur Westlichen Karwendelspitze (2385 m, Prachtaussicht); Besuch der Leutaschklamm (23 m hoher Wasserfall) am Südrand von Mittenwald.

Streckenbeschreibung

▶▶Abschnitt Mittenwald – Scharnitz (7 km)

Sie verlassen Mittenwald nach Süden auf der Innsbrucker Straße, biegen nach der Isarbrücke rechts in die Riedkopfstraße und überqueren an der nächsten Brücke noch einmal die Isar. Jetzt geht es bei schöner Rundsicht hinaus. Nach 3 km eine Gabelung, an der Sie links bleiben. Der Weg macht später einen Rechtsbogen und führt an ein Wegedreieck. Dort scharf links, vor zur Bundesstraße 2 und rechts hinein nach **Scharnitz** zur Kirche.

▶▶Abschnitt Scharnitz – Kasten-Alm (14,5 km)

Fortsetzung der Fahrt auf der Hinterautalstraße nach Osten. Die ersten 5 km sind bewaldet, deshalb nur begrenzte Ausblicke, u.a. auf den Hochgleirsch. Folgen Sie den Schildern Richtung Halleranger-Alm, dann passieren Sie den Wiesenhof und gelangen nach mäßigen Steigungen an die Abzweigung zur **Mösl-Alm.**
Sie bleiben auf Kurs Halleranger-Alm und erleben nach 1,5 km die Öffnung des Tales: Hochgebirgslandschaft und Isar. Dazu Aussicht auf die Gleirsch-Halltal-Kette. Nach 14 km Talfahrt dann eine Brücke und linkerhand eine große Lichtung mit der **Kasten-Alm**. Gehen Sie zu Fuß hinüber zu diesem schönen Fleckchen Erde inmitten des Karwendel.

▶▶Abschnitt Kasten-Alm – Mittenwald (21,5 km)

Die Rückfahrt nach Scharnitz ist besonders schön: Bis auf einen Gegenanstieg von gut 1 km geht es meist leicht bergab. Wieder ist man gebannt von den eigentümlichen Lichtstimmungen; wieder bildet das blaugrüne Wasser der Isar Ihre Richtschnur. Im Hintergrund jetzt Wettersteinmassiv und links die Gleirsch-Halltal-Kette. Schließlich treffen Sie wieder in Scharnitz ein und wählen nach Mittenwald die gleiche Strecke wie bei der Hinfahrt.

▶▶Alternative Mösl-Alm

Wer die Strecke etwas kürzer gestalten möchte, kann zur Mösl-Alm radeln. Auch sie liegt landschaftlich reizvoll, wenn auch nicht ganz so spektakulär wie die Kasten-Alm. Von der Abzweigung Mösl-Alm im Hinterautal sind es hin und zurück ca 15 km bei etwa 3 km Steigungen und 4 km Abfahrten. Mit dieser Abkürzung kommen Sie dann von Mittenwald aus auf eine Streckenlänge von rund 38 km.

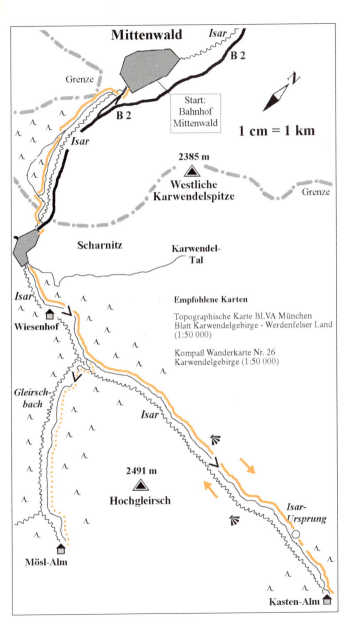

R 19 Radlparadies »Leutascher Tal«

- Streckenlänge **31 km**
- Reine Fahrzeit **3 Std.**
- Anforderung **mäßig anstrengend (II)**

Tourencharakter

Diese mäßig anstrengende Tour führt von Mittenwald in die Region Leutasch am Wettersteingebirge. Höhepunkt ist das Tal der Leutascher Ache. Es fällt Richtung Mittenwald leicht ab und begeistert durch prächtige Gipfelbilder. Am Ende des Tals die Leutascher Klamm, ein über 20 m hoher Wasserfall in einer Felsschlucht. Kräftezehrend ist der 4-km-Anstieg durch den Boden.

Wege	Überwiegend Teerstraßen, nur rund 4 km Schotterwege, meist gut befahrbar
Verkehr	5 km der Strecke ganz verkehrsfrei, sonst geringer Verkehr
Steigungen	4,5 km, davon 1,5 km Schiebestrecke
Abfahrten	4,5 km
Höhenunterschied	290 m
Kritische Stellen	Relativ steile und stellenweise ungesicherte Abfahrt (Teerstraße) oberhalb der Leutaschschlucht nach Mittenwald hinunter
Start	Bahnhof Mittenwald

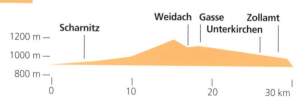

Tips rund um die Tour

▶ Fahrradempfehlung

Ein Tourenrad oder Trekking Bike reicht für diese Tour aus, Kettenschaltung oder mindestens Fünfgang-Nabenschaltung sollte jedoch vorhanden sein.

▶ Für Kinder
Der Spielpark in Leutasch, die Riesenwasserrutsche im Alpenbad Leutasch und die Leutaschklamm vor Mittenwald sind auch für Kinder attraktiv. Aber: 4 km Steigungen und 4 km stärkerer Verkehr fordern von Kindern Kraft und Konzentration. Fazit: Im großen und ganzen jedoch für Kinder geeignet.

▶ Sehenswertes am Wege
Mittenwald: Luftkurort zwischen Karwendel und Wetterstein. Sehenswert sind neben den Lüftlmalereien an den Häusern vor allem das malerische *Ortsbild* in der Obermarktstraße sowie die Rokokokirche
● *St. Peter und Paul* mit bemaltem Turm.
Besonders hervorzuheben sind das Denkmal von Matthias Klotz, der den Mittenwalder Geigenbau begründet hat, sowie das *Geigenbau- und Heimatmuseum* (Mo–Fr 10–12 Uhr, 14–17 Uhr; Sa/So 10–12 Uhr). Weitere Einzelheiten siehe Tour R 17.
Scharnitz: Kleiner Kur- und Grenzort, beliebter Ausgangspunkt für Wanderungen ins Karwendel.
Leutasch: Erholungsort (über 1100 m hoch) mit über 20 Ortsteilen, ein Paradies für Skilangläufer, aber auch für Radler. Leutasch zählt zu den schönsten Wandergebieten dieser Region. Besuchenswerter Spielpark mit 1200 m langer Sommerrodelbahn und vielen attraktiven Spielgeräten.
Leutaschklamm: Beeindruckende Felsschlucht mit 23 m hohem Wasserfall. Die Leutaschklamm erreichen Sie vom Tal der Leutasch aus. Der Rundgang dauert etwa 15 bis 20 Minuten.

▶ Einkehr
Mittenwald: Wirtshaus am Platzl (Mi)
Hotelgasthof Jägerhof (kein Ruhetag), Terrasse
Scharnitz: Gasthof Risserhof (kein Ruhetag)
Gasthof Goldener Adler (Di)
Unterkirchen: Gasthof Brücke (Mi), Garten
Gasthof Mühle (Do), Terrasse

▶ Baden
Freibecken im Hallenbad Mittenwald; Freibecken im Alpenbad Leutasch mit Riesenwasserrutsche

▶ Abstecher
Auffahrt zur Westlichen Karwendelspitze (Prachtaussicht);
Besuch der Leutaschklamm

Streckenbeschreibung

▶▶Abschnitt Mittenwald – Weidach (17,5 km)

Sie fahren auf der Bahnhofstraße zur Karwendelstraße und dort Richtung Grenze hinaus. Nach der Isar geht es rechts in die Riedkopfstraße und weiter zur nächsten Isarbrücke, die Sie überqueren. Nun radeln Sie mit Prachtaussicht auf Karwendel- und Wettersteinmassive nach Süden. Nach 3 km teilt sich der Weg: Halten Sie sich links am Uferweg, dann durchqueren Sie eine reizvolle Latschenpflanzung und gelangen nach einem Rechtsbogen an ein Wegedreieck mit Grenzübergang. Dort scharf links, vor zur Hauptstraße (B 2) und rechts über die Zollstelle nach **Scharnitz** bis zur Kirche. Weiter geht es auf der Hauptstraße durch den Ort und hinaus in einen weiten Talkessel. Der Verkehr nimmt etwas zu, die Straße steigt leicht an. Nach knapp 3 km zweigt die Route rechts Richtung Leutasch ab. Sie können ca. 500 m nach der Scharnitzer Kirche rechts zum Gießenbach hinunter und jenseits in Südwestrichtung bis zur Straße nach Leutasch fahren. Die verkehrsarme Verbindungsstraße nach Leutasch steigt auf gut 5 km fast durchgehend an, stärker aber nur auf etwa 1,5 km. Nach 4 km öffnet sich das Tal und gibt den Blick frei auf die im Westen stehende Hohe Munde (2662 m). Sie erreichen dann die nach Seefeld führende Straße, biegen rechts ab und radeln in genußvoller Abfahrt mit herrlicher Aussicht auf Mieminger Kette und Wettersteinmassiv hinunter nach **Weidach**.

▶▶Abschnitt Weidach – Mittenwald (13,5 km)

Zunächst müssen Sie in Nordwestrichtung hinüber zum Ortsteil **Gasse**. Dort wenden Sie sich nach rechts Richtung Mittenwald.
In der Folge durchradeln Sie das leicht abfallende Leutascher Tal, ein landschaftlich ansprechendes, gut 1000 m hoch liegendes Gebirgstal beiderseits der Leutascher Ache. Am Westhang stehen die eindrucksvollen Gebirgsstöcke der Gehrenspitze (2367 m), des Öfelekopfs (2478 m) und der Wettersteinwand. Auf der Ostseite die Arnspitzen (2196 m) und die Achterköpfe (um 2000 m). Dann kommen Sie nach **Unterkirchen**.
Später passieren Sie die zwei einladenden Gasthöfe »Brücke« und »Mühle« und erreichen das Zollamt; 300 m danach die Klammbrücke der Leutascher Ache, wo die Schlucht der Leutaschklamm beginnt. Sie radeln noch 1 km an ihrem Steilufer und steuern dann in mäßig bis ziemlich steiler Abfahrt 2 km hinunter nach **Mittenwald**.

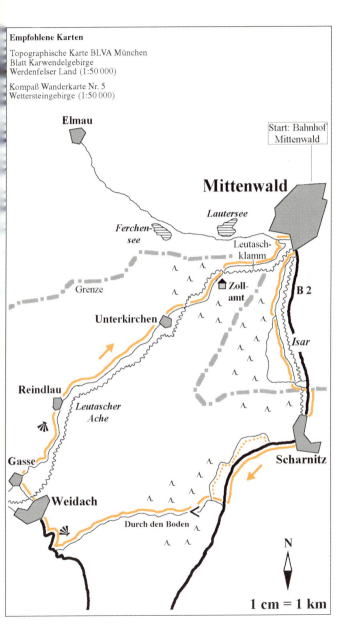

R 20

Rund um den Kranzberg

▷ Streckenlänge
23 km
▷ Reine Fahrzeit
2,5 Std.
▷ Anforderung
mäßig anstrengend (II)

Tourencharakter
Die kurze, nur mäßig anstrengende Tour mit 5 km Steigungen startet in Mittenwald, verläuft am Fuße der Wettersteinwand nach Elmau, ins Isartal und über Buckelwiesen nach Mittenwald zurück. Höhepunkt der Fahrt ist die Schlußetappe auf der Mittenwalder Höhenstraße: Hier bietet sich eines der eindrucksvollsten Gebirgsbilder am nördlichen Alpenrand: Karwendel und Wetterstein pur!

Wege	Ein Viertel der Strecke Schotterwege, meist gut befahrbar, sonst Teerstraßen
Verkehr	Nur bei Aus- und Einfahrt in Mittenwald spürbar, sonst fast verkehrsfrei
Steigungen	5 km, davon 2,5 km Schiebestrecke
Abfahrten	8 km
Höhenunterschied	180 m
Kritische Stellen	Keine
Start	Bahnhof Mittenwald

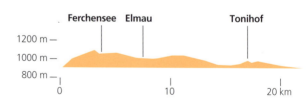

Tips rund um die Tour

▶ **Fahrradempfehlung**

Ein Tourenrad reicht für die Tour aus, je komfortabler aber die Schaltung, desto besser: also Kettenschaltung oder mindestens Fünfgang-Nabenschaltung.

▶ Für Kinder
An der Strecke bieten sich mehrere Bademöglichkeiten, doch müssen 5 km Steigungen und stellenweise stärkerer Verkehr bedacht werden. Im großen und ganzen für Kinder geignet.

▶ Sehenswertes am Wege
Mittenwald: Luftkurort zwischen Karwendel und Wetterstein. Sehenswert sind neben den Lüftlmalereien an den Häusern vor allem das malerische *Ortsbild* in der Obermarktstraße, die Rokokokirche ● *St. Peter und Paul* mit bemaltem Turm, das Denkmal von Matthias Klotz, der den Mittenwalder Geigenbau begründet hat, sowie das *Geigenbau- und Heimatmuseum* (Mo–Fr 10–12 Uhr, 14–17 Uhr; Sa/So 10–12 Uhr). Weitere Informationen siehe Tour R 17.
Wettersteingebirge: 25 km breites Gebirgsmassiv südlich von Garmisch-Partenkirchen.
Das Wettersteingebirge gliedert sich in drei Bergkämme und zwei markante Taleinschnitte (Reintal und Höllental). Die imposantesten Massive sind die Zugspitze (2963 m), die Alpspitze (2628 m) und die Wettersteinwand (2433 m) auf bayerischer Seite sowie von Süden aus der Hochwanner (2744 m) und die Dreitorspitze (2633 m). Die Region steht größtenteils unter Naturschutz und ist durch Bergbahnen auch für den ungeübten Wanderer zugänglich.
Karwendelgebirge: Siehe Tour R 16.
Elmau: Reizvoll am Fuße der Wettersteinwand gelegen. Im Schloß Elmau finden alljährlich Konzerte statt.

▶ Einkehr
Mittenwald: Wirtshaus am Platzl (Mi)
Hotelgasthof Jägerhof (kein Ruhetag), Terrasse
Café Haller (kein Ruhetag), Terrasse
Ferchensee: Gasthaus Ferchensee (Do), Terrasse
Elmau: Alpengasthof Elmau (kein Ruhetag), Biergarten
Buckelwiesen: Tonihof (Mi), Terrasse

▶ Baden
Freibecken im Hallenbad Mittenwald; Badeplätze am Lautersee und am Ferchensee.

▶ Abstecher
Auffahrt zur Westlichen Karwendelspitze (2385 m, Prachtaussicht); Besuch der Leutaschklamm (23 m hoher Wasserfall) am Südrand von Mittenwald.

Streckenbeschreibung

▶▶ Abschnitt Mittenwald – Elmau (8 km)

Vom Bahnhof Mittenwald fahren Sie auf der Innsbrucker Straße nach Süden hinaus und biegen vor der Isarbrücke rechts Richtung Leutasch ab. Vor Ihnen liegt ein rund 2 km langer Anstieg. Zunächst verlassen Sie die Leutascher Straße nach gut 300 m und folgen dem Schild »Isartaler Rundwanderweg A 1« nach rechts. Dann passieren Sie den Lautersee und kommen zum **Ferchensee** am Fuße der Wettersteinwand.

Kurz nach dem Gasthaus Ferchensee eine Gabelung, dort links und gleich noch eine Gabelung, jetzt rechts (grünes Radschild). 1 km danach eine Kreuzung, wo Sie sich nach dem Schild Richtung Elmau richten und geradeaus weiterradeln. Wenn Sie konsequent auf diesem Weg bleiben, gelangen Sie zum Alpengasthof **Elmau**.

▶▶ Abschnitt Elmau – Mittenwald (15 km)

Vom Gasthof Elmau aus radeln Sie 300 m direkt in Nordrichtung zu einem Quersträßchen und biegen dort rechts ab. Nach dem Schloß Elmau zeigt ein grünes Radschild auf einen links abgehenden Schotterweg (schöner Rückblick!), der nach knapp 2 km wieder in die Straße Klais-Elmau einmündet. Mit Blick auf die Westfront des Karwendel geht es nun in einer schönen Abfahrt 2,5 km nach unten. Dann ein rechts abgehender Schotterweg, der Sie bei erneutem Karwendelblick an die verkehrsreiche Straße von Mittenwald nach Klais bringt.

Schräg rechts gegenüber ein Bahnübergang und gleich danach eine Gabelung, an der Sie rechts weiterfahren. Es folgt nach 1 km erneut eine Gabelung, dort schwenken Sie rechts Richtung Tonihof ein. Links die Karwendel-Westfront, in der Mitte ebenfalls Karwendelmassive und rechts die gesamte Wettersteinkette bis hinüber zur Zugspitze: ein prächtiges Bild der Nordseite der Bayerischen Alpen.

Nach 800 m erreichen Sie die Mittenwalder Hochstraße, wo der Rundblick nicht minder eindrucksvoll ist. Sie biegen rechts ab, passieren die Zufahrt zum **Tonihof** (schöne Terrasse) und biegen 200 m weiter links auf den Bockweg ab. Wenn Sie sich am nächsten Quersträßchen rechts halten, befinden Sie sich auf direktem Kurs nach Mittenwald.

Wenig später beginnt bei anhaltend schöner Aussicht die Abfahrt hinunter ins Tal. Nach knapp 2 km mündet der Bockweg in die Straße von Klais nach Mittenwald ein, auf der dann die Schlußabfahrt bis zum Ortsrand von Mittenwald erfolgt.

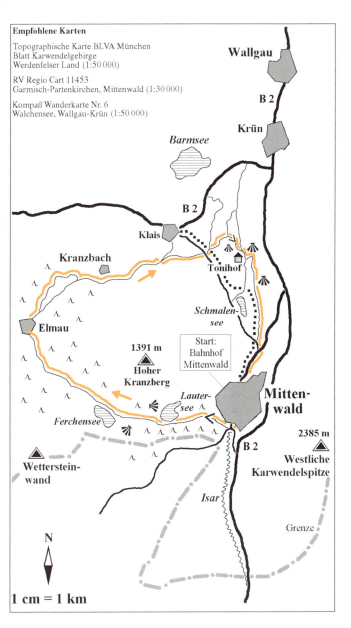

R 21 Quer durchs Estergebirge

- Streckenlänge **28 km**
- Reine Fahrzeit **3 Std.**
- Anforderung **mäßig anstrengend (II)**

Tourencharakter

Die mäßig anstrengende Tour führt vom Loisachtal durch das Eschenlainetal im Estergebirge zum Walchensee. Trotz kurzer Strecke dürfen die Steigungen nicht unterschätzt werden. Abgesehen vom schönen Walchensee handelt es sich im Estergebirge um eine überwiegend bewaldete Berglandschaft, in der das schluchtartig eingeschnittene Tal der Eschenlaine besonders fasziniert.

Wege	10 km Teerstraßen, sonst z. T. holprige Schotterwege
Verkehr	4 km geringer Verkehr, sonst ganz verkehrsfrei
Steigungen	5,5 km, davon 3,5 km Schiebestrecke
Abfahrten	7 km
Höhenunterschied	260 m
Kritische Stellen	Gefahrenstrecke 500 m nordwestlich der Gachen-Tod-Klamm. Weitere ungesicherte Abschnitte und relativ steile Schotterabfahrt nach Einsiedl
Start	Ortsmitte Eschenlohe

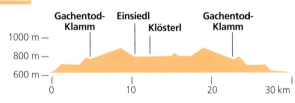

Tips rund um die Tour

▶ Fahrradempfehlung

Für diese Tour empfiehlt sich ein Mountainbike oder All Terrain Bike bzw. Trekking Bike mit breiten Reifen. Eine Kettenschaltung oder möglichst Siebengang-Nabenschaltung wird Ihnen die Fahrt wesentlich erleichtern.

▶**Für Kinder**
Die Tour ist für Kinder weniger geeignet. Auch die Badeplätze am Walchensee reichen als Anreiz nicht aus.

▶**Sehenswertes am Wege**
Eschenlohe: Reizvoll im Loisachtal gelegener Ferien- und Erholungsort. Sehenswert ist die ● *Kirche St. Clemens*, von der Planung her ein Spätwerk des berühmten bayerischen Baumeisters Johann Michael Fischer. Ins Auge fallen vor allem die schöne Deckenbemalung (J. J. Zeiller), ein mächtiger Rokoko-Hochaltar mit Figuren von J. B. Straub und die meisterlich geschnitzten Beichtstühle.
Zwergern: Beachtung verdienen die Kirche St. Margareth, älteste Kirche am Walchensee (Kassettendecke in der Sakristei, Reste gotischer Fresken) und die Klosteranlage in Klösterl.
Walchensee: Ehemaliger Gletschersee, heute größter (16 km^2) und tiefster (190 m) bayerischer Gebirgssee. Von seinen Ufern aus herrliche Ausblicke auf See und Berge.
▶**Einkehr**
Eschenlohe: Gasthof Zur Brücke (Di), Tische im Freien
Gasthof Zum Alten Wirt (Mo), Biergarten
Tonihof (Mi), Aussichtsterrasse
Einsiedl: Forsthaus Einsiedl (Di), Biergarten
▶**Baden**
Badeplätze am Walchensee
▶**Abstecher**
Auffahrt zum Herzogstand (1731 m, prächtiges Panorama)

Streckenbeschreibung

▶▶Abschnitt Eschenlohe – Einsiedl (11,5 km)
Vom Ortszentrum Eschenlohe aus fahren Sie auf der Walchenseestraße hinaus und haben es schon bald mit langgezogenen Steigungen zu tun. Sie passieren den Tonihof, kommen nach 2 km an eine Gabelung und nehmen hier den rechts in das **Eschenlainetal** abgehenden Forstweg Richtung Walchensee. Er führt im Auf und Ab an der Eschenlaine entlang und hat meist gröberen Belag. Die Ausblicke halten sich in Grenzen, weil Sie vorwiegend durch Wald fahren. 1,5 km nach der Abzweigung wieder eine Gabelung, dort rechts weiter.

Dann ein steiler 400-m-Anstieg und zugleich Beginn einer kurzen **Gefahrenstrecke** (ca. 300 m), die besondere Vorsicht verlangt: Auf der ungesicherten Talseite bricht der Hang zur tief eingeschnittenen Eschenlaine fast senkrecht ab. Ein schauriger Abgrund direkt am Wegesrand, der Sie aber nicht zu schrecken braucht, wenn Sie auf der relativ breiten Straße langsam und umsichtig fahren bzw. gehen.

Gleich darauf erreichen Sie die Brücke über der **Gachentod-Klamm** und können – nun in sicherer Position – einen Blick in die tiefe Felsschlucht werfen. Der z. T. steinige bzw. aufgeweichte Weg führt über weitere kurze Steilhangpassagen sowie durch eine seichte Bachfurt. Sie radeln hier durch ein bewaldetes, einsames Hochtal, naturbelassen und herb, stellenweise aber auch etwas eintönig. Ausblicke fehlen fast ganz. Faszinierend dagegen die Schluchten der Eschenlaine.

Kurz nach der Furt eine Gabelung, wo Sie rechts Richtung Walchensee/Einsiedl weiterfahren. 1 km vor Einsiedl kommt dann eine mäßig bis mittelsteile Abfahrt ins Tal, wegen des losen Schotters nicht ungefährlich. Im Tal wenden Sie sich nach links, schieben die 400 m durch das folgende Werksgelände und gelangen in **Einsiedl** auf die B 11.

▶▶Rundfahrt über die Einsiedl-Halbinsel (5 km)

Gegenüber der B 11 geht ein Teersträßchen ab, das Sie mit schönem Ausblick auf den Walchensee und die Berge nach Zwergern bringt. Eine genußvolle und zudem verkehrsfreie Radstrecke, an der auch Gelegenheit zum Baden besteht. Sie fahren weiter über Klösterl in Richtung Lobesau und wählen nun zwischen zwei Wegen: Entweder vor zur befahrenen B 11 und dort nach Einsiedl oder links von der Uferstraße weg und über den Höhenrücken (Steigungen auf 400 m Länge) zurück. Wer es sich konditionell leisten kann, sollte die zweite Möglichkeit wählen, denn so umgehen Sie starken Verkehr und haben am Höhenrücken stellenweise schöne Ausblicke auf Berge und See.

▶▶Abschnitt Einsiedl – Eschenlohe (11,5 km)

Die Rückfahrt entspricht der Hinfahrt. Zunächst wieder der Gang durch das Werksgelände und der Anstieg von 1 km auf der Forststraße. Dann weiter auf leicht abfallender Route entlang der Eschenlaine nach Westen. Fahren Sie vorsichtig an ungesicherten Steilhängen, besonders nach der Gachentod-Klamm. Ein Genuß eigener Art ist die Abfahrt, die nach Einmündung des Forstweges in die Teerstraße beginnt und mit schöner Sicht nach Eschenlohe hinunterführt.

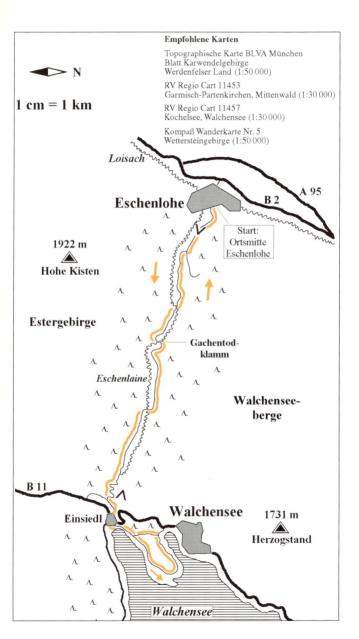

R 22

Traumtour an der Loisach

- ▷ Streckenlänge **49 km**
- ▷ Reine Fahrzeit **4 Std.**
- ▷ Anforderung **mäßig anstrengend (II)**

Tourencharakter

Die nur mäßig anstrengende Tour (49 km Länge, kaum Steigungen) bietet echten Radlgenuß: parkartige Landschaft, prächtige Ausblicke auf das Wettersteingebirge mit Zugspitze, wenig Autoverkehr und gepflegte Radwege. Die Strecke verläuft im Loisachtal von Eschenlohe über Oberau und Farchant nach Garmisch und weiter nach Grainau. Auf der Rückfahrt bietet sich Garmisch für eine Rast an.

Wege	Ein Viertel der Strecke Schotterwege, meist gut befahrbar, sonst Teerstraßen und -wege
Verkehr	Weitgehend verkehrsfreie Route, nur in den Orten Berührung mit Autoverkehr
Steigungen	1,5 km, meist nur leichter Art
Abfahrten	3 km
Höhenunterschied	140 m
Kritische Stellen	Mehrfach Überquerung von Bundesstraßen
Start	Ortsmitte Eschenlohe

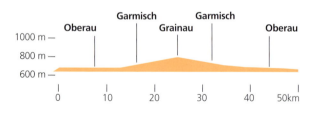

Tips rund um die Tour

▶ Fahrradempfehlung

Für diese Tour reicht ein Touren- oder Reiserad mit Ketten- oder Dreigang-Nabenschaltung.

▶**Für Kinder**
Wenig Steigungen, kaum Verkehr und interessante Anlaufpunkte – toll für Kinder. Aber die Strecke ist 50 km lang. Für etwas größere Kinder geeignet.

▶**Sehenswertes am Wege**
Eschlohe: Siehe Tour R 21.
Garmisch-Partenkirchen: Kurort und Wintersportmetropole internationalen Ranges. Mittelpunkt des Werdenfelser Landes in herrlicher Lage vor dem Wettersteinmassiv. Attraktionen: ● *Alte Pfarrkirche St. Martin* von 1280 mit gotischen Wandmalereien und kostbarer Ausstattung. Die ● *Neue Pfarrkirche St. Martin* von J. Schmuzer (1733) glänzt durch ihre Stuckdekoration, das Deckengemälde (M. Günther), die Kanzel und kunstvollen Altarfiguren (F.X. Schmädl, A. Sturm). Das *Werdenfelser Heimatmuseum* (Di–Fr 10–13 Uhr, 15–18 Uhr, Sa/So 10–13 Uhr), eines der reichhaltigsten in Bayern, birgt u.a. Möbel, Trachten, Schnitzwerke und Hinterglasbilder. Die *Richard-Strauss-Villa* (Jugendstil) war fast 50 Jahre Domizil des berühmten Komponisten, wo er viele seiner Werke schrieb. Weltbekannte *Sportstätten* in Garmisch-Partenkirchen sind das Olympia-Skistadion und das Olympia-Eisstadion.
Wettersteingebirge: Siehe Tour R 20.
Grainau: Siehe Tour R 24.

▶**Einkehr**
Eschlohe: Gasthof Alter Wirt (Mo), Biergarten
Tonihof (Mi), Aussichtsterrasse
Farchant: Föhrenhof (Mo), Terrasse
Gasthof Alter Wirt (kein Ruhetag), Biergarten
Garmisch: Gasthof Zum Lamm (Mo und Di)
Café Krönner (Mo), Terrasse
Grainau: Zugspitze (kein Ruhetag), Terrasse
Alpenhof Grainau (kein Ruhetag), Terrasse

▶**Baden**
Warmfreibad in Farchant/Mühldörfl, Alpspitz-Wellenbad in Garmisch, beheiztes Zugspitzbad in Grainau

▶**Abstecher**
In Garmisch-Partenkirchen bieten sich folgende Auffahrten per Bahn an: Wank (1780 m), Eckbauer (1237 m), Hausberg (1350 m), Kreuzeck (1650 m), Osterfelder Kopf (2050 m) und Zugspitze (2963 m, zwei Bahnen). Spaziergang um den Eibsee.

Streckenbeschreibung

▶▶Abschnitt Eschenlohe – Garmisch (17 km)

Sie verlassen Eschenlohe über die Loisachbrücke und dann weiter auf der Mühlstraße nach Süden. An der nächsten Kreuzung folgen Sie den Radschildern »Garmisch/Oberau« auf die Römerstraße.

Bei herrlichem Wetterstein-Panorama passieren Sie später eine Geröllstrecke und einen Golfplatz und gelangen schließlich an die Loisachbrücke in **Oberau**.

Direkt vor der Brücke biegen Sie links ab Richtung Farchant und radeln nun auf besonders schönem Kurs: parkartige Landschaft und ein hinreißender Wetterstein-Blick! Nach 4 km sind Sie an der Mühldörflstraße in **Farchant**. Dort geht es rechts vor zur B 2, darüber hinweg und nach 100 m links auf der Alpspitzstraße nach Süden hinaus. Beeindruckend wiederum das Wettersteingebirge!

In **Burgrain** steuern Sie die Kirche an (Kirchweg) und gelangen über Lahnewiesgraben und Riedwiesenstraße zu einer kleinen Holzbrücke über die Loisach. Am anderen Ufer setzen Sie rechts fort, passieren ein Klärwerk und radeln nun – mit Blick auf Zugspitze und Daniel (rechterhand) – an der Bahn entlang nach **Garmisch-Partenkirchen**.

▶▶Abschnitt Garmisch – Grainau – Garmisch (16 km)

An der Martinswinkelstraße geht es rechts, dann links über die Loisach und auf der Alleestraße vor zur B 23.

Hier sollten Sie sich entscheiden: in Garmisch bleiben oder Grainau noch mitnehmen. Der Weg nach Grainau führt weiter am Südufer der Loisach zur Archstraße. Dort links hoch, auf der Wehrstraße erneut zur B 23 und drüben auf der Gernackerstraße zum rechts abgehenden Tegernau Weg, einem schönen Radweg mit herrlichem Wettersteinblick. Nach 2 km an der Schmölzstraße erneut rechts ab und vor der Bahn links auf den Zigeunerweg, der Sie direkt nach **Grainau** bringt. Ziel ist der Obere Dorfplatz.

Zurück nach Garmisch radeln Sie über Zugspitzstraße und Hammersbacher Fußweg nach Hammersbach, dann den Kreuzeckweg hinunter und nach Überquerung der Bahn gleich rechts auf den Teerweg. Er führt zur Kreuzeckbahnstraße und zum Tegernau-Weg. Dort rechts ab und auf bekannter Strecke zum Loisachufer.

An der Maximiliansbrücke nehmen Sie nun Kurs auf die St.-Martins-Kirche und zwar über die Von-Müller- und die Sonnenstraße.

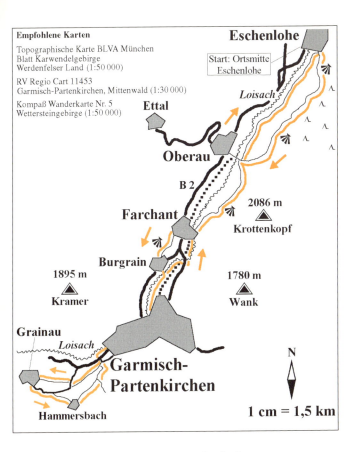

▶▶ Abschnitt Garmisch – Eschenlohe (16 km)

Hinaus geht es auf der Promenadestraße zur Loisach und rechts in die Alleestraße. Ab hier kennen Sie die Strecke wieder. Sie biegen auf der Martinswinkelstraße vor der Bahnunterführung links ab und nutzen erneut den Radweg entlang der Bahn Richtung Farchant. An der kleinen Loisachbrücke bleiben Sie aber diesseits und unterqueren wenig später die Bahn und dann die B 2 (Unterführung rechterhand). Gleich danach links über die Loisachbrücke und sofort wieder rechts auf den Weg direkt am Westufer der Loisach nach **Farchant** zurück.

Die Strecke nach Oberau ist Ihnen schon vertraut: an der Loisachbrücke rechts und gleich wieder links ab und zurück nach **Eschenlohe**.

R 23

Über Ettal nach Oberammergau

- ▷ Streckenlänge **43 km**
- ▷ Reine Fahrzeit **4 Std.**
- ▷ Anforderung **mittelschwer (III)**

Tourencharakter

Diese mittelschwere Tour umrundet die Nordostausläufer der Ammergauer Alpen. Vom Loisachtal erfolgen der Aufstieg nach Ettal und die Fahrt im Ammertal nach Oberammergau und Bad Kohlgrub. Genußvoll ist die Rückreise durchs Lindenbachtal und im Murnauer Moos. Bilderbuchlandschaft, schöne Ausblicke, stattliche Gebirgsdörfer, aber auch 43 km Länge und 6 km Steigungen.

Wege	Rund 25 km Teerstraßen, sonst meist gutbefahrbare Schotterwege
Verkehr	Drei Viertel der Strecke verkehrsfrei, auf knapp 3 km stärkerer Verkehr
Steigungen	6 km, davon 3 km Schiebestrecke
Abfahrten	9 km
Höhenunterschied	280 m
Kritische Stellen	Keine
Start	Ortsmitte Eschenlohe

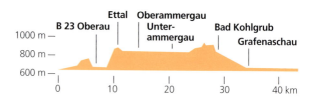

Tips rund um die Tour

▶ Fahrradempfehlung

Ein einfaches Touren- oder Reiserad mit Ketten- oder Dreigang-Nabenschaltung genügt für diese Tour.

▶**Für Kinder**
Keine besonders günstigen Voraussetzungen: wenige Anreize für Kinder, relativ lange Strecke und 6 km Steigungen. Das Erlebnisbad »Wellenberg« in Oberammergau ist allerdings ein Hit.

▶**Sehenswertes am Wege**
Eschenlohe: Siehe Tour R 21.
Ettal: Klostergründung 1330 durch Kaiser Ludwig den Bayern. Die ●*Klosterkirche St. Maria*, heutige Form von 1745, ist eine der prachtvollsten Rokokoschöpfungen Bayerns. Im Zentrum ein mittelalterliches Marienbild, gestiftet von Kaiser Ludwig. Hochwertige Ausstattung, so ein imponierendes Kuppelfresko mit über 400 Figuren (J. J. Zeiller), sehr schöner Stuckdekor und eine qualitätsvolle Altaranlage.
Oberammergau: Seine reizvolle Lage im Ammertal und sein schönes Ortsbild machen Oberammergau zu einem der attraktivsten Dörfer im bayerischen Alpenraum.
Berühmt ist Oberammergau durch sein *Schnitzhandwerk* (Herrgottschnitzer) und durch die *Passionsspiele*, die seit 1634 alle zehn Jahre von einheimischen Laienspielern aufgeführt werden. Im Ort sind u.a. sehenswert: ●*Kirche St. Peter und Paul*, 1742 von J. Schmuzer neuerbaut, mit schönen Stukkaturen und Deckengemälden sowie Altären mit reichem Figurenschmuck.
Viele Häuser aus dem 17. bis 19. Jh. mit »Lüftlmalereien«, vor allem von Franz Zwinck, so das *Pilatushaus*. Das *Heimatmuseum* (im Sommer täglich offen) zeigt u.a. Schnitzwerke (Weihnachtskrippe mit über 200 Figuren) und eine der umfassendsten bayerischen Sammlungen an Hinterglasbildern.

▶**Einkehr**
Eschenlohe: Gasthof Alter Wirt (Mo), Biergarten
Ettal: Restaurant-Café Blaue Gams (kein Ruhetag), Terrasse
Ettaler Mühle (Mi), Terrasse
Oberammergau: Hotel Alte Post (kein Ruhetag), Tische im Freien
Café am Kirchplatz (kein Ruhetag), Garten
Hotel Böld (kein Ruhetag), Terrasse

▶**Baden**
Freibad in Oberau; Freizeitzentrum und Erlebnisbad »Wellenberg« in Oberammergau

▶**Abstecher**
Auffahrt zum Ettaler Mandl (1686 m) in Oberammergau

Streckenbeschreibung

▶▶Abschnitt Eschenlohe – Ettal (11 km)
Sie verlassen Eschenlohe auf der Höllensteinstraße und kommen in parkartiger Landschaft zum Hof **Höllenstein**. Ab hier geht es durch Wald. Es folgt eine Wegegabelung, dort links, 3 km danach eine kurze steile Abfahrt zum Freibad Oberau. Ganz unten überqueren Sie den Mühlbach und nutzen gleich rechts den Radweg zur Ortsmitte von **Oberau**. Auf Trift- und Mühlstraße kommen Sie zur Ettaler Straße (B 23).
Sie biegen dort rechts ab und folgen nach 150 m links der Alten Ettaler Straße. Sie geht nach knapp 1 km in einen groben Schotterweg über und führt, an Kreuzwegstationen vorbei, ziemlich steil zur B 23 hoch. Gegenüber ein Forstweg, auf dem Sie nach **Ettal** gelangen.

▶▶Abschnitt Ettal – Bad Kohlgrub (17 km)
Sie fahren weiter entlang der B 23 auf einem Radweg, der knapp 2 km nach Ettal von der B 23 in Richtung Ammer abzweigt. Nun radeln Sie durch die Ammerauen und treffen bald darauf in **Oberammergau** ein. Nach ausgiebiger Ortsbesichtigung geht es an der Bahnhofstraße über die Ammerbrücke und gleich rechts in die Moosgasse. Von diesem Sträßchen geht ein Uferweg aus, der nach **Unterammergau** führt.
An der B 23 halten Sie sich rechts und biegen direkt nach der Ammerbrücke links auf den Feldweg ab (Wegen Durchfahrtverbot schieben!). 1,3 km weiter am Teersträßchen rechts und nach weiteren 500 m an der Querstraße links. Auf dieser Straße bleiben Sie für knapp 2 km, biegen dann An der Leiten rechts ab nach **Wurmansau** und wenden sich oben wieder nach links. 1 km danach ein rechts hochführender Radweg Richtung Kohlgrub. Er bringt Sie nach Kraggenau, wo Sie über Baumgartner- und Fallerstraße zum Schillingsweg (Fußweg) und auf diesem hinunter zum Ortszentrum von **Bad Kohlgrub** kommen.

▶▶Abschnitt Bad Kohlgrub – Eschenlohe (15 km)
Sie fahren 500 m Richtung Murnau hinaus und biegen dann rechts in die Mühlstraße ab. Sie sind im Lindenbachtal. Hier erwarten Sie mehr als 3 km abfallende Radstrecke (grünes Radschild Murnau). Nach 5,5 km eine Rechtsabzweigung nach **Grafenaschau**, der Sie folgen.
In und nach diesem Ort halten Sie Südkurs und radeln auf einer verkehrsarmen Straße mit Ausblicken auf Moosgebiet und später auf das Wettersteingebirge nach **Eschenlohe** zurück.

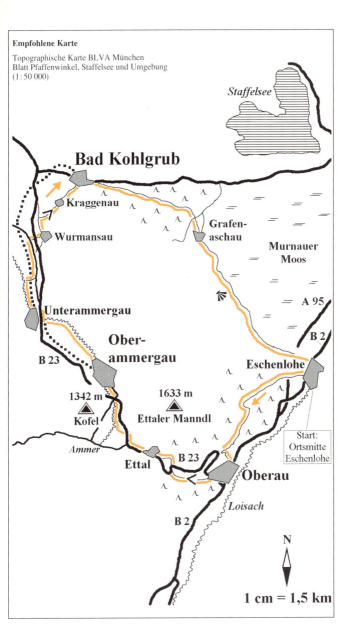

R 24
Vom Loisachgrund ins Graswangtal

▷ **Streckenlänge**
48 km
▷ **Reine Fahrzeit**
4,5 Std.
▷ **Anforderung**
sehr anstrengend (IV)

Tourencharakter
Die sehr anstrengende Tour führt durchs Loisachtal, durchquert die Ammergauer Alpen und verläuft durch das anmutige Graswangtal nach Oberau zurück. Fordernd der langgezogene Aufstieg von Grainau ins Elmau-Hochtal.
Trotz der Streckenlänge gibt es viel Anlaß zum Schwärmen: abwechslungsreiche Landschaft, herrliche Ausblicke und Sehenswürdigkeiten.

Wege	Über die Hälfte der Strecke Teerstraßen, sonst Forstwege, z. T. in schlechterem Zustand
Verkehr	Drei Viertel der Tour verkehrsfrei, dafür die Abfahrt nach Oberau mit viel Verkehr
Steigungen	6 km, davon 4 km Schiebestrecke
Abfahrten	12,5 km
Höhenunterschied	540 m
Kritische Stellen	Abfahrt nach Oberau bei starkem Verkehr
Start	Bahnhof Oberau

Tips rund um die Tour

▶ Fahrradempfehlung

Mountainbike, All Terrain Bike oder Reiserad mit breiten Reifen, dazu Ketten- oder mindestens Dreigang-Nabenschaltung. Der Hauptanstieg muß ohnehin geschoben werden.

▶**Für Kinder**
Ein weiter Weg, ein sehr schwieriger Anstieg und 5 km stärkerer Verkehr – für Kinder viel zu schwer.

▶**Sehenswertes am Wege**
Garmisch-Partenkirchen: Kurort und Wintersportmetropole internationalen Ranges. Hauptattraktionen siehe Tour R 22.
Wettersteingebirge: Siehe Tour R 20.
Grainau: Luftkurort direkt am Fuß der Zugspitze. Seine Anziehungskraft liegt in der prächtigen Gebirgslandschaft. Im Sommer rund um den Ort reizvolle Wanderziele, so die Gipfel des Wettersteinmassivs, z.T. auch per Bahn erreichbar, die Höllentalklamm und der malerische Eibsee.
Ettal: Kloster und Klosterkirche siehe Tour R 23.
▶**Einkehr**
Farchant: Föhrenhof (Mo), Terrasse
Gasthof Alter Wirt (kein Ruhetag), Biergarten
Garmisch-Partenkirchen: Gasthof Zum Lamm (Mo und Di)
Gasthof Fraundorfer (Di)
Grainau: Café-Restaurant Zugspitze (kein Ruhetag), Terrasse
Graswang: Café-Restaurant Gröbl-Alm (Di), Terrasse
Ettal: Restaurant-Café Blaue Gams (kein Ruhetag), Terrasse
Ettaler Mühle (Mi), Terrasse
▶**Baden**
Freibad in Oberau; Warmfreibad in Farchant/Mühldörfl; Alpspitz-Wellenbad in Garmisch-Partenkirchen; beheiztes Zugspitzbad in Grainau
▶**Abstecher**
Auffahrt zum Kreuzeck, zum Osterfelderkopf oder zur Zugspitze. Ggf. Abstecher ins Graswangtal zum Schloß Linderhof

Streckenbeschreibung

▶▶ **Abschnitt Oberau – Grainau (17 km)**
Nach der Überquerung der Gleise und der Loisach südlich des Bahnhofs biegen Sie rechts auf den Teerweg ab. Vor Ihnen liegt auf gut 3 km eine attraktive Radstrecke durch Parklandschaft mit Aussicht auf das Wettersteingebirge. Dann erreichen Sie **Farchant**. An der Mühldörflstraße rechts ab, über die B 2 und nach 100 m links über die Alpspitzstraße mit Prachtpanorama nach Süden.

Sie kommen nun nach **Burgrain**, steuern die Kirche und dann die B 23 an und setzen gegenüber auf der Riedwiesenstraße fort. So stoßen Sie auf die Loisach, überqueren sie und radeln, bei erneuter Topaussicht, u.a. auf Zugspitze und Daniel, an der Bahn entlang nach **Garmisch**.

Wenn Sie auf einen Abstecher ins Zentrum verzichten, dann wird folgende Durchfahrt empfohlen: An der Martinswinkelstraße rechts, dann links über die Loisach und auf der Alleestraße vor zur B 23. Weiter geht es am Südufer der Loisach, bis der schöne Uferweg in die Archstraße mündet. Dort links, dann über die Wehrstraße zur B 23 und drüben auf der Gernackerstraße zum rechts abgehenden Tegernauer Weg. Dieser Weg mündet nach 3 km in die Zugspitzstraße, die geradewegs zum Dorfplatz führt. Rechterhand liegt der Zugspitzbahnhof **Grainau**.

▶▶ Abschnitt Grainau – Graswang (19,5 km)

Auf Waxensteinstraße und Baderseeweg gelangen Sie zur Eibseestraße. Links gegenüber der Höhenrainweg (Schild »Höhenrain Panorama«), dem Sie folgen. Nach einem 500-m-Anstieg eine Wegekreuzung, dort geradeaus (Richtung Herrgottsschrofen G7/G2) und wieder hinunter ins Loisachtal an die **B 23**, wo Sie auf dem Radweg nach Westen weiterfahren. 3 km danach eine Rechtsabzweigung (Parkplatz) und gleich eine Gabelung. Sie nehmen den rechts hochführenden Forstweg.

Der **Aufstieg**: Dieser Forstweg führt durch das Elmautal. Er steigt bei eindrucksvollen Rückblicken, u.a. auf die Zugspitze, für 3,5 km (!) durchgehend stärker an. Das bedeutet für die meisten: Rad schieben! Nach weiteren 700 m teilt sich der Weg und bringt Sie links zu einem Querweg (Schild Grießen), an dem es – erneut nach links – Richtung Linderhof geht.

Nun beginnt eine 6 km lange, mäßig steile Abfahrt im einsamen Elmautal Richtung Graswangtal, wegen des Waldes nur wenig Aussicht. Dann die Rechtsabzweigung nach Graswang. Der Weg fällt erneut leicht ab und führt zur kleinen Steinbrücke bei **Graswang**.

▶▶ Abschnitt Graswang – Oberau (11,5 km)

Sie biegen an der Brücke rechts ab, passieren bei schönen Ausblicken das Gut Dickelschwaig und kommen auf diesem Forstweg zur Straße nach Linderhof. Links gegenüber ein Dammweg, auf dem Sie nach 400 m rechts abbiegend die Ettaler Mühle erreichen. Nun geht es nach **Ettal** weiter und dann auf der stärker befahrenen B 23 in rasanter Abfahrt hinunter nach **Oberau**.

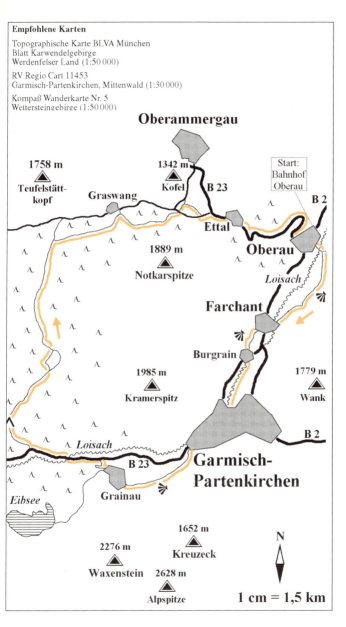

R 25 Wetterstein und Mieminger Kette

▷ **Streckenlänge**
35 km
▷ **Reine Fahrzeit**
3 Std.
▷ **Anforderung**
mäßig
anstrengend (II)

Tourencharakter

Diese nur mäßig anstrengende Tour gehört zu den schönsten der ganzen Sammlung: Sie fahren von Ehrwald mit der Kabinenbahn auf 1500 m Höhe und radeln dann durch Gaistal und Leutaschtal nach Mittenwald. Unterwegs prächtige Ausblicke auf das Wettersteingebirge und die Mieminger Kette. Einziger Wermutstropfen: Fahrradverbote auf den österreichischen Forstwegen.

Wege	Ein Drittel der Strecke geschottert, sonst Teerstraßen
Verkehr	Nur in Ortschaften auflebend, sonst kaum spürbar
Steigungen	4 km, davon 2,5 km Schiebestrecke
Abfahrten	14 km
Höhenunterschied	690 m
Kritische Stellen	Im Gaistal stellenweise loser Grobschotter, bei zu schneller Abfahrt Sturzgefahr! Schlußabfahrt nach Mittenwald oberhalb der Leutaschklamm talseitig z.T. ungesichert
Start	Bahnhof in Ehrwald

Tips rund um die Tour

▶ **Fahrradempfehlung**

Radtyp und Schaltung sind nicht so entscheidend, wichtig dagegen Stabilität des Rades und breite Reifen.

▶Für Kinder
Tolle Berge und schöne Bäder machen die Tour für Kinder attraktiv.

▶Fahrtmöglichkeiten
Bahnfahrt: Garmisch – Ehrwald: Abfahrtszeiten 8.28, 10.28, 12.28 Uhr. Mittenwald – Garmisch: Abfahrtszeiten stündlich von 12.03 bis 22.03 Uhr. (Alle Angaben gemäß Sommerfahrplan 1995.)
Ehrwalder Almbahn: Der Sommerbetrieb läuft täglich von 9.00 bis 16.30 Uhr. Fahrzeit 10 bis 15 Minuten. Länge der Auffahrt ca. 2,2 km, Höhenunterschied rund 400 m. Nach Tarifstand Sommer 1995 kostet die einfache Fahrt einschließlich Fahrrad knapp 20 DM.

▶Sehenswertes am Wege
Ehrwald: Touristischer Hauptort im Tiroler Zugspitzgebiet. Herrliche Lage unterhalb der westlichen Wettersteinwände. Im Umkreis attraktive Wanderziele, so der Zugspitzgipfel, die Ehrwalder Alm oder Gipfel und Seen in der Mieminger Kette. In Ehrwald Heimatmuseum mit bäuerlichem Gebrauchsgut (Do 17–19 Uhr).
Wettersteingebirge: 25 km breites Gebirgsmassiv südlich von Garmisch-Partenkirchen. Gliederung in drei Bergkämme und zwei markante Taleinschnitte (Reintal und Höllental). Hauptmassive von Süden aus sind die Zugspitze (2963 m), der Hochwanner (2744 m) und die Dreitorspitze (2633 m). Die Region steht größtenteils unter Naturschutz und ist durch Bergbahnen auch für ungeübte Wanderer zugänglich.
Mittenwald: Siehe Tour R 19.

▶Einkehr
Ehrwald: Hotel-Gasthof Grüner Baum (Di), Gartenterrasse
Ehrwalder Alm (kein Ruhetag), Aussichtsterrasse
Leutasch: Hotel Xander/Kirchenwirt (kein Ruhetag), Terrasse
Leutaschtal: Gasthaus Zur Brücke (Mi), Gastgarten
Mittenwald: Wirtshaus Zum Platzl (Mi)
Hotel-Gasthof Jägerhof (kein Ruhetag), Terrasse

▶Baden
Ehrwald: Beheiztes Freibad; Leutasch: Alpenbad (Hallen- und Freibad); Mittenwald: Freibecken im Hallenbad.

▶Abstecher
Auffahrt mit der Ehrwald-Zugspitzbahn zur Zugspitze (2963 m, einzigartiges Panorama); Besuch der Leutaschklamm (23 m hohe Wasserfälle) am Südrand von Mittenwald.

Streckenbeschreibung

Vorbemerkung: Bitte beachten Sie bei dieser Tour, daß österreichische Forstwege im allgemeinen für Fahrräder gesperrt sind. Trotz einzelner Verbotsschilder werden jedoch die Wege von zahlreichen Radlern befahren, so daß Radfahrer wohl geduldet werden. Eindeutig ist die Situation nicht. Bitte verhalten Sie sich situationsgerecht.

▶▶Abschnitt Ehrwald – Ehrwalder Alm (3,5 km)

Der Weg vom Bahnhof zur Ortsmitte führt über die Bahnhofstraße zur Hauptstraße und links weiter zum Kirchplatz. Dort geht die Ganghoferstraße ab, die bei anhaltenden Steigungen und schönen Ausblicken, u.a. auf Sonnenspitze und Wettersteinmassiv, direkt zur **Talstation** der Ehrwalder Almbahn verläuft.

▶▶Abschnitt Ehrwalder Alm – Mittenwald (31,5 km)

Von der Bergstation fahren Sie den breiten Schotterweg in Ost-Richtung hinauf. Nach 300 m eine Gabelung, dort bleiben Sie rechts, passieren des Gasthof »Alpenglühen« und müssen nun eine kräftige Steigung von knapp 1 km bewältigen. Dann ist der Scheitelpunkt erreicht. Nun läuft das Rad hinunter zu einem Wegedreieck, wo Sie links Richtung Igelsee/Leutasch abbiegen.

Die folgende Strecke von rund 10 km – vorbei am Igelsee und enlang von Gaistalbach und Leutascher Ache – präsentiert eine der schönsten Berglandschaften dieser Tourensammlung. Zu beiden Seiten des Gaistals imposante Felskegel und Steinwände. Ein Stück zwischen zwei Gattern müssen Sie laufen (Radverbotsschild); dabei können Sie die Bergwelt besonders gut genießen. Fahren Sie vorsichtig weiter; überall liegt loser und grober Schotter.

Nach der höher gelegenen Tilfuß-Alm mit dem Jagdhaus Ludwig Ganghofers und einigen kurzen Gegenanstiegen erreichen Sie einen großen Parkplatz, wo es über Klamm und Platzl nach **Kirchplatzl** hinuntergeht. 700 m nach dem Verkehrsamt biegen Sie links und nach weiteren 100 m rechts Richtung Mittenwald ab und kommen zum Ortsteil Gasse. Von hier aus verlaufen die restlichen 10 km der Tour durch das landschaftlich reizvolle **Leutaschtal** mit seinen prächtigen Gipfelbildern zu beiden Seiten des Tals (siehe Tour R 19). Nachdem Sie die Gasthöfe »Zur Brücke« und »Mühle« sowie das Zollamt passiert haben, geht es am Hochufer der Leutaschklamm rasant hinunter nach **Mittenwald**.

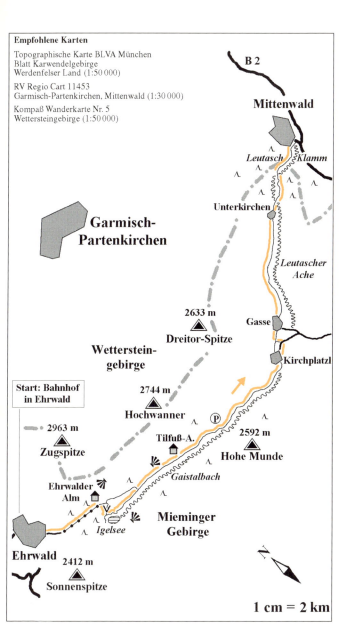

R 26
Durchs Lechtal zum Plansee

- Streckenlänge **45 km**
- Reine Fahrzeit **4 Std.**
- Anforderung **mittelschwer (III)**

Tourencharakter

Die mittelschwere Tour führt von Füssen über die Ausläufer des Ammergebirges ins Lechtal, dann weiter nach Reutte und zum hochgelegenen Plansee.

5,5 km Steigungen und 45 km Streckenlänge setzen gute Kondition voraus, doch läßt sich die Tour auch verkürzen. Zu Beginn eine besonders attraktive Strecke, die an den berühmten Königsschlössern von Füssen vorbeiführt.

Wege	Zwei kurze Schotterabschnitte (gut 2 km), sonst nur asphaltierte Straßen und Wege
Verkehr	Zeit- und stellenweise stärkerer Verkehr auf der Straße zum Plansee und auf der B 189, sonst wenig Verkehr oder ganz verkehrsfrei
Steigungen	5,5 km, davon rund 3 km Schiebestrecke
Abfahrten	8 km
Höhenunterschied	210 m
Kritische Stellen	Nur die verkehrsreichen Abschnitte
Start	Reichenstraße in Füssen

Tips rund um die Tour

▶ Fahrradempfehlung

Vom Tourenrad bis Mountainbike geht für diese Tour alles, eine Ketten- oder möglichst Fünfgang-Nabenschaltung sollte vorhanden sein.

▶**Für Kinder**
Die Tour bietet zahlreiche Anreize für Kinder: Schlösser, Seen etc. Wegen ihrer doch recht hohen Anforderungen ist diese Tour aber nur für größere Kinder geeignet.

▶**Sehenswertes am Wege**
Füssen: Kurzbeschreibung der Stadt siehe Tour R27.
Hohenschwangau: *Burg,* 1836 anstelle einer mittelalterlichen Anlage im Stil eines englischen »Castle« errichtet. In den Räumen alte Einrichtung und Wandgemälde nach Entwürfen Moritz' von Schwinds.
Schloß Neuschwanstein: »Märchenschloß« König Ludwig II. in wildromantischer Lage über der Pöllatschlucht. 1869–86 nach dem Vorbild der Wartburg erbaut. Die Räume sind mit Bildern nach Motiven von Wagner-Opern geschmückt.
Beide Burgen sind für Besucher im Sommer täglich von 9.00 bis 17.30 Uhr zugänglich.
Reutte: 500 Jahre Markt und Hauptort des Bezirks Außerfern, bestehend aus mehreren Ortsteilen. Im Ortszentrum einige schöne alte Häuser mit Lüftlmalereien (u.a. von J. J. Zeiller) und Holzbalkonen. Im »Grünen Haus« ein *Heimatmuseum* (u. a. mit Gemälden). Sehenswert auch das *Rathaus* mit Freitreppe.
Plansee: Großer Bergsee, gut 100 Höhenmeter über Reutte gelegen. Im Sommer beliebter Badesee.

▶**Einkehr**
Füssen: Gasthaus Zum Schwanen (Mo)
Gasthaus Torschänke (Sa)
Schwangau: Hotel-Gasthof/Café Rübezahl (Mi), Terrasse
Hohenschwangau: Schloß-Restaurant (kein Ruhetag), Terrasse
Allgäuer Stüberl (kein Ruhetag), Terrasse
Pinswang: Gutshof Zum Schluxen (kein Ruhetag), Terrasse
Reutte: Hotel-Gasthof Goldener Hirsch (Mo)
Gasthof Schwarzer Adler (Di)
Plansee: Hotel Seespitze, Terrasse

▶**Baden**
Außerferner Alpenbad in Reutte; Strandbad am Plansee und natürlich auch am Alpsee.

▶**Abstecher**
Wanderung um den Alpsee; in Reutte Auffahrt zur Höfener Alpe (schöne Rundsicht, sehenswerter Alpenblumengarten).

Streckenbeschreibung

▶▶ Abschnitt Füssen – Reutte (18 km)

Südlich der Altstadt verläuft ein Radweg am Lechufer, auf dem Sie nach Osten hinausradeln. Nach Unterquerung der B 310 eine Wegegabelung, dort rechts über den Lech und drüben links weiter. Wenn Sie an der nächsten Gabelung wieder links bleiben, gelangen Sie zur Frauenbergstraße. Nun geht es gegenüber Am Ehberg weiter (grünes Radschild »Romantische Straße«), an der folgenden Kreuzung rechts ab (Schelleweg) und über die B 17 hinweg auf einem Schotterweg hinüber zum Bullachbergweg. Dort wieder links und an der Schwangauer Straße schließlich rechts. Nun radeln Sie mit Blick auf die Schlösser Neuschwanstein und Hohenschwangau geradewegs nach **Hohenschwangau**.
Auf der Alpseestraße gelangen Sie an die Ostspitze des **Alpsees**. Rechts führt die Fürstenstraße hinauf (1 km Steigungen) und dann nach der Grenzstelle in einer längeren Abfahrt an den Gutshof zum **Schluxen**. Hier biegen Sie links ab und durchqueren nun bei herrlichem Bergblick ein reizvolles Tal. An der Hauptstraße in Pflach geht es links und nach 300 m am Gasthaus Schwanen rechts auf die Alte Straße. Nach Überqueren des Archbachs dann rechts, an der Scheune gleich noch einmal rechts und nach 100 m links hinaus. Dieser Weg führt direkt nach **Reutte**, wo Sie über den Untermarkt an die Mühler Straße im Zentrum kommen.

▶▶ Abschnitt Reutte – Plansee und zurück (13 km)

Wer sich diesen Abstecher kräftemäßig zutraut, kommt an den schön gelegenen Plansee, kann dort baden, muß aber insgesamt 2 km Anstiege und lebhaften Verkehr in Kauf nehmen. Die Ausfahrt in Reutte geschieht wie folgt: An der Mühler Straße links abbiegen, nach 200 m rechts auf die Planseestraße bis an die querverlaufende Kreckelmoosstraße. Diese führt nach links zum Plansee hoch.

▶▶ Abschnitt Reutte – Füssen (14 km)

Empfohlen wird der gleiche Weg wie bei der Hinfahrt. Also erst nach Pflach und dort Richtung Pinswang ab. Nach 4 km an der Gabelung vor Schluxen bieten sich zwei Fortsetzungsmöglichkeiten: Entweder Sie radeln wieder über Hohenschwangau zurück (Reststrecke 11 km, 2 km Steigungen), oder Sie fahren über Unterpinswang zur B 189 und dort rechts nach Füssen. Reststrecke hier 7 km, keine Steigungen, dafür aber 3 km verstärkten Verkehr auf der Bundesstraße.

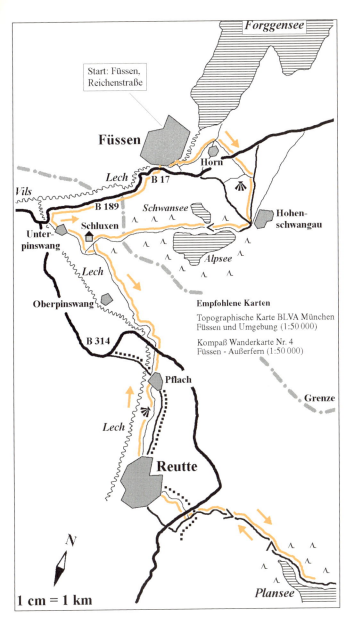

Rund um Burgruine Falkenstein

- Streckenlänge **28 km**
- Reine Fahrzeit **2,5 Std.**
- Anforderung **leicht (I)**

Tourencharakter

Diese leichte Tour verläuft um die Hügelkette westlich von Füssen, berührt zunächst einige Füssener Seen, um dann ab Pfronten in das Vilstal abzuschwenken. Genießen Sie die begeisternden Ausblicke auf die umliegenden Gipfel.

Wer über gute Kondition verfügt, kann zwischen Benken und Meilingen auch eine Kurzwanderung zur bekannten Burgruine Falkenstein unternehmen.

Wege	Ein Drittel Schotterwege, abschnittsweise schmal und holprig, sonst Teerstraßen
Verkehr	Durchwegs verkehrsarm
Steigungen	4,5 km, davon 2,5 km Schiebestrecke
Abfahrten	6 km
Höhenunterschied	140 m
Kritische Stellen	Relativ steile Abfahrten zum Weißensee und nach Meilingen
Start	Reichenstraße in Füssen

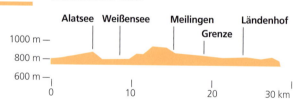

Tips rund um die Tour

▶ Fahrradempfehlung
Ein Tourenrad mit Ketten- oder Nabenschaltung reicht aus.

▶ Für Kinder
Anziehungspunkte sind die Strandbäder und die Ruine Falkenstein. Trotz ein paar Steigungen und Steiluferwege ist die Tour für Kinder bedingt geeignet.

▶ Sehenswertes am Wege
Füssen: Ehemals römische Garnison und eine der ältesten Städte Deutschlands. Malerische Altstadt, darüber das *Hohe Schloß*, eine der besterhaltenen spätgotischen Burganlagen Deutschlands. Die Räume, so der Rittersaal mit geschnitzter Holzdecke um 1500 von Jörg Lederer, beherbergen eine *Gemäldegalerie* (Mo–Sa 10–12 Uhr, 14–16 Uhr, So 10–12 Uhr). Neben der Burg das im 18. Jh. umgestaltete *Kloster Mang* (9. Jh.), das glanzvolle Räume (z.B. Festsaal) und das *Heimatmuseum* (Di–Sa 11–16 Uhr, Mi 18–20 Uhr; 1.und 3. So im Monat 11–16 Uhr) enthält. Im Innern der *Klosterkirche* von 1717 fallen besonders Stuck, Fresken und Altäre (von J.J. Herkommer) sowie Figuren und Kanzel (von A. Sturm) ins Auge. In der romanischen *Krypta* (vor dem Hochaltar) ein Fresko um 1000. Beachtenswert auch die Totentanzbilder von 1602 in der *St.-Anna-Kapelle*.

Burgruine Falkenstein: Höchstgelegene Burgruine Deutschlands. Reste einer im Dreißigjährigen Krieg zerstörten Burg. An ihrer Stelle wollte König Ludwig II. das Prachtschloß Falkenstein errichten. Rundsicht von besonderer Schönheit! Zwischen Benken und Imnat/Meilingen gehen zwei Wanderwege zur Ruine ab.

▶ Einkehr
Füssen: Gasthaus Zum Schwanen (Mo)
Gasthaus Torschänke (Sa)
Bad Faulenbach: Gasthaus/Café Waldschänke (Mo), Terrasse
Alatsee: Hotel-Gasthof Alatsee (kein Ruhetag), Terrasse
Weißensee: Seegasthof Weißensee (Mo), Terrasse

▶ Baden
Strandbäder am Mittersee, Obersee sowie am Alat- und am Weißensee. Beheiztes Alpenfreibad in Pfronten-Meilingen

▶ Abstecher
Aufstieg zur Burgruine Falkenstein; Auffahrt zum Tegelberg (1880 m, herrliche Rundsicht)

Streckenbeschreibung

▶▶ Abschnitt Füssen – Pfronten/Meilingen (15 km)
Am Lechufer südlich der Altstadt verläuft ein Radweg, der nach Westen hin in das Faulenbachgäßchen und später in die Alatseestraße übergeht. Folgen Sie dieser Route. Sie führt am Mitter- und Obersee vorbei

hinauf zum **Alatsee**. Bis dorthin sind es 5 km, davon knapp 1 km Steigungen. Nach 400 m Uferfahrt schwenken Sie rechts hoch zum Parkplatz, um dann in rasanter Abfahrt (1,5 km) zum Weißensee hinunterzuradeln. 100 m vor der B 310 zweigt links der Weißensee-Rundweg ab, ein reizvoller Uferweg, der mit schönen Ausblicken zum Strandbad nahe **Oberkirch** führt.

Nun radeln Sie hinüber zur B 310, nutzen den Radweg nach links und biegen 200 m danach rechts auf die Alte Steige ab. Wieder ein kurzer Anstieg, dann geht es durch Hinteregg nach Wiedmar. Dort stoßen Sie auf eine Gabelung. Halten Sie sich links Richtung Meilingen. Nach der Unterquerung der B 310 haben Sie erneut 1 km Steigungen zu absolvieren, »versüßt« durch herrliche Rückblicke. Nach der Ortschaft Benken erreichen Sie den Scheitelpunkt und radeln hinunter zum Ortsteil Imnat in **Meilingen**.

Der dort abgehende Falkensteinweg führt nochmals 900 m hinunter, bevor links der Achweg abbiegt. Hier ist der Wendepunkt der Tour, zugleich auch Gelegenheit, einen Abstecher in die Ortsteile von **Pfronten** zu machen.

▶▶Abschnitt Pfronten/Meilingen – Füssen (13 km)

Auf dem Achweg – dann Panoramaweg – geht es nach Süden hinaus (Radschild P 1). An einer Vilsbrücke nach 1,5 km heißt es aufpassen: Hier müssen Sie schon *vor* der Vils links auf den schmalen Uferweg abbiegen (»Unterer Manzenweg«). Er bietet romantische Flußbilder und führt nach 1 km an eine weitere Vilsbrücke. Dort bleiben Sie wieder diesseits der Vils (»Romantischer Rundwanderweg Ostallgäu/Tirol«), radeln nun hinaus in eine wunderschöne Wiesenlandschaft und kommen mit herrlichen Ausblicken an den unbesetzten **Grenzübergang**.

Danach erwartet Sie zunächst ein holpriger Wiesenpfad (200 m), dann wieder ein schöner Radweg mit Traumlandschaft und Top-Aussicht! Nach der Ruine Vilsegg erreichen Sie einen Vorort von Vils und fahren – die wenig ansehnliche Fabrikanlage immer rechts liegen lassend – geradewegs weiter nach Osten. Haben Sie es richtig gemacht, kommen Sie bald darauf zum **Ländenhof**, wo sich die Katzen auf der Straße sonnen, ein Zeichen, daß es dort sehr ruhig zugeht.

Nach dem Hof bringt Sie ein schattiger Waldweg im leichten Auf und Ab weiter zum Grenzübergang **Lechlände**.

Ab dort wird der Weg dann etwas schwieriger: zum Teil schmal, holprig und mit kurzen Steilstücken, dazu auch mal am ungesicherten Lech-

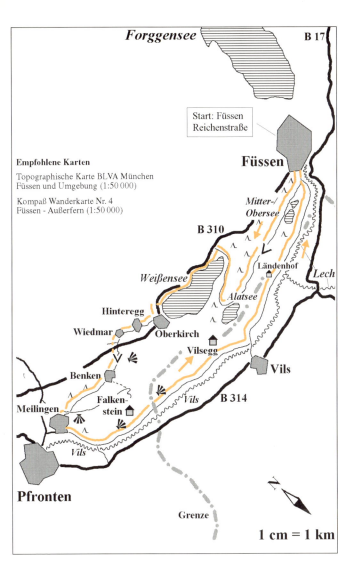

steilhang verlaufend. Man ist froh, wenn man nach ca. 1,5 km den Ortsrand von **Füssen** erreicht und mit etwas Spürsinn schnell zum Ortszentrum zurückfindet.

R 28

Bilderbuchfahrt im Tannheimer Tal

▷ **Streckenlänge**
36 km
▷ **Reine Fahrzeit**
3 Std.
▷ **Anforderung**
mäßig anstrengend (II)

Tourencharakter

Diese mäßig anstrengende Tour führt in das einsame Vilstal westlich von Pfronten und mündet – nach einem etwas schwierigen Aufstieg vom Talgrund nach Rehbach – in das Tannheimer Tal, eines der schönsten Hochtäler der ganzen Region mit großartigen Ausblicken auf die umliegenden Gipfel. Ab Grän geht es durch das Engetal bei meist abfallender Strecke nach Pfronten zurück.

Wege	Rund 7 km meist gut befahrbare Forstwege, alles andere Teerstraßen
Verkehr	Auflebender Verkehr nur im Engetal und in Pfronten, sonst wenig Verkehr
Steigungen	4,5 km, davon gut 2 km Schiebestrecke
Abfahrten	10 km
Höhenunterschied	300 m
Kritische Stellen	Keine
Start	Allgäuer Straße in Pfronten-Ried

Tips rund um die Tour

▶Fahrradempfehlung

Diese Tour stellt keine besonderen Anforderungen an Ihr Fahrrad: Ein Tourenrad mit Ketten- oder Dreigang-Nabenschaltung reicht für diese Fahrt im Tannheimer Tal aus.

▶**Für Kinder**
Wenig Anreize, relativ lange Strecke und im Engetal merklicher Verkehr – für Kinder nicht die ideale Tour.

▶**Sehenswertes am Wege**
Pfronten: Höhenluftkurort im Ostallgäu, bestehend aus 13 Ortsteilen. Im Ortsteil Berg die *Kirche St. Nikolaus*, durch ihren hohen Barockturm weithin sichtbar. Im Innern eine beachtenswerte Ausstattung, u.a.Kuppelgemälde, Barockkanzel, frühklassizistische Altäre und spätgotische Schnitzwerke. Im Ortsteil Heitlern die *St.-Leonhard-Kirche* mit wertvollem Hochaltar von 1737 und im Ortsteil Steinbach ein sehenswerter *Alpenblumengarten*. Veranstaltungshöhepunkt des Jahres ist der traditionelle *Viehscheid* am zweiten Samstag im September.
Tannheimer Tal: Ein landschaftlich attraktives Bergtal entlang von Vils und Achbach. Hauptorte sind Schattwald, Zöblen, Grän und Tannheim, letzteres mit dem »Löffler-Geläut«, dem ältesten Glockengeläut Tirols.

▶**Einkehr**
Pfronten: Gasthaus Oberer Wirt (Mo),Terrasse
Gasthof Adler (Mi), Biergarten
Rehbach: Gasthaus Rehbach (kein Ruhetag), Gastgarten
Zöblen: Café-Pension Wildanger, Terrasse
Grän: Hotel-Alpengasthof Engel (Di), Terrasse

▶**Baden**
Beheiztes Alpenbad in Pfronten-Meilingen, ggf. Strandbad am Haldensee (ca. 2 km südöstlich von Gran)

▶**Abstecher**
Wanderung zur Burgruine Falkenstein (siehe Tour R 27).

Streckenbeschreibung

▶▶**Abschnitt Pfronten/Ried – Rehbach (11 km)**
Zuerst geht es auf der Allgäuer Straße aus Pfronten heraus und dann gleich rechts in die Vilstalstraße. Die ersten Kilometer sind weniger spektakulär, ab dem Gasthaus Vilstalsäge öffnet sich das Tal, und es bieten sich häufiger Ausblicke. Sehr still ist es hier und alles recht ursprünglich. Nach knapp 9 km passieren Sie die **Grenze** und kommen an eine Gabelung mit herrlicher Aussicht. Gemäß Radausschilderung folgen Sie der linken Abzweigung, treffen gut 1 km weiter auf eine Wege-

kreuzung und halten sich hier – wieder dem Radschild entsprechend – geradeaus. Der Weg wird schlechter, führt hinunter in die etwas verwilderten Vilsauen und rechts über zwei Stege. Danach ein steiler, 500 m langer und schweißtreibender Anstieg nach **Rehbach** hoch. Oben erwartet Sie jedoch schon ein Gasthaus, wo Sie sich erholen können.

▶▶ Abschnitt Rehbach – Grän (12 km)

Die folgenden 12 km entschädigen Sie für alles, was Sie bisher erleiden mußten: Eine Bilderbuchlandschaft und ein beeindruckendes Bergpanorama erwarten Sie. Zunächst geht es auf einem schönen Sträßchen mit prächtiger Aussicht hinunter nach Schattwald. Sie erreichen das **Zollamt** an der B 199, biegen dort links und 70 m weiter erneut links ab und setzen nach der Überquerung der Vils an der nächsten Querstraße (»Wies«) Ihre Fahrt rechts fort.

Nun folgt eine zauberhafte Fahrt am Nordhang des Tannheimer Tals. Zunächst passieren Sie den Ortsteil Wies und landen bei bester Aussicht in **Zöblen**, wo sich auf der Aussichtsterrasse des Cafés Wildenstein eine Pause empfiehlt. Direkt nach dem Café geht es links ca. 300 m hoch, dann zweigt rechts ein Sträßchen Richtung Grän und Tannheim ab.

Es führt am Steilhang entlang und bietet prachtvolle Aussicht auf das Tannheimer Tal und seine angrenzenden Gipfel. Sie müssen zwar stellenweise etwas aufpassen (ungesicherte Talseite), aber der Eindruck wird deswegen nicht gemindert. Gut 1 km weiter dann ein Rechts-links-Knick und 400 m danach eine Holzbrücke im Ortsteil **Untergschwend**.

Nach der Brücke biegen Sie scharf links und nach 50 m wieder rechts ab und radeln weiter nach Osten hinaus, in reizvoller und aussichtsreicher Landschaft. Sie kommen durch Berg und nach Innergschwend und fahren dort links durch den Ort weiter Richtung Grän. Wenn Sie an der nächsten Mehrfachgabelung den mittleren Weg wählen (Richtung Gräner Kirche), dann erreichen Sie in **Grän** den Alpengasthof Engel: ein heißer Tip für eine Erholungspause vor dem Schlußspurt.

▶▶ Abschnitt Grän – Pfronten (13 km)

Von den 13 km des letzten Abschnitts verläuft gut die Hälfte bergab, das Rad läuft von alleine. Besonderheiten treten nicht mehr auf, von einigen schönen Rückblicken abgesehen. 2 km vor dem Ortszentrum Ried kommen Sie an eine Gabelung, wo Sie links der Kreuzbergstraße folgen. Wenig später sind Sie wieder am Ausgangspunkt der Tour.

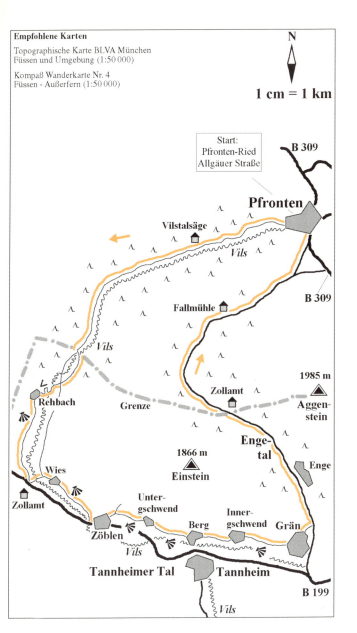

R 29 Entlang der Ostrach zum Giebelhaus

- Streckenlänge **29 km**
- Reine Fahrzeit **2,5 Std.**
- Anforderung **mäßig anstrengend (II)**

Tourencharakter

Diese mäßig anstrengende Tour bringt Sie ins herburwüchsige Hintersteiner Tal, das von Hindelang aus an der Ostrach entlang mitten in die Allgäuer Alpen führt. In schöner Gebirgslandschaft erreichen Sie den Gasthof Giebelhaus als Wendepunkt der Tour. Wenn Sie aber über gute Kondition verfügen, können Sie vor der Rückfahrt noch die Pointhütte im Bärgündeletal erklimmen.

Wege	Bis auf eine kurze Schotterstrecke bei Bruck durchgehend Teerstraßen
Verkehr	Bis Hinterstein manchmal auflebender Verkehr, sonst nur Bus- und Anliegerverkehr
Steigungen	3,5 km, davon 1,5 km Schiebestrecke
Abfahrten	7 km
Höhenunterschied	250 m
Kritische Stellen	Keine
Start	Kirche in Hindelang

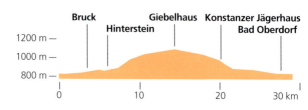

Tips rund um die Tour

▶ Fahrradempfehlung

Bei Teerstraßen geht praktisch jedes Rad, wichtig ist aber die Schaltung: Über Ketten- oder Siebengang-Nabenschaltung sollten Sie auf dieser Tour verfügen können.

▶**Für Kinder**
Trotz kurzer Strecke keine ideale Tour für kleinere Kinder. Für größere Kinder jedoch gut geeignet.

▶**Sehenswertes am Wege**
Hindelang: Beliebter Kur- und Erholungsort, mit sechs Ortsteilen reizvoll im Tal der Ostrach gelegen. Rundherum Allgäuer Voralpenlandschaft und ein imponierendes Alpenpanorama. Bedeutend sind die neugotische Pfarrkirche von 1867 mit kostbarer Monstranz und prächtigen Meßgewändern und die Kirche in Liebenstein.
Kunstgeschichtlicher Höhepunkt der Gemeinde Hindelang ist die Kirche in **Bad Oberdorf**. Sie wurde erst 1937 neu erbaut und enthält Kunstschätze ersten Ranges: Jörg Lederer schuf 1519 den *Maria-Krönungs-Altar*, eine der wichtigsten Kunstschöpfungen Schwabens. Ein anderes Glanzstück der Kirche ist das *Marienbild* von 1493 (1935 wiederentdeckt) von Hans Holbein d. Ä. Zur Innenausstattung zählen auch spätgotische Figuren, ein Palmesel und ein wertvolles Kreuz.
An der Ostrach bei Oberdorf gibt es *Hammerschmieden*, die seit 500 Jahren in Betrieb sind. Sie stellen heute vor allem handgearbeitete Pfannen und Schellen her. Sehenswert auch eine original aufgebaute Nagelschmiede und eine Sämisch-Gerberei.

▶**Einkehr**
Hindelang: Gasthof/Pension Krone (So abends und Mo)
Bruck: Gasthof-Café Ostrachwellen (Mo und Di), Terrasse
Hinterstein: Hintersteiner Stuben, Terrasse
Hintersteiner Tal: Haus der Konstanzer Jäger (Mo), Terrasse
Gasthaus Giebelhaus, Tische im Freien

▶**Baden**
Beheiztes Freibad in Hindelang; Bergbad in Hinterstein; Natur-Hochmoorschwimmbad in Oberjoch

▶**Abstecher**
Fahrt zur Pointhütte ins Bärgündeletal (siehe Streckenbeschreibung)

Streckenbeschreibung

▶▶**Abschnitt Hindelang – Giebelhaus (14,5 km)**
Von der Kirche in Hindelang geht es auf der Marktstraße nach Osten und gleich rechts auf die Bad Oberdorfer Straße hinüber nach **Bad Oberdorf**.

Eine »Sünde« wäre es, an der kleinen Oberdorfer Kirche vorbeizuradeln, denn sie enthält ausgesprochene Kostbarkeiten (siehe »Sehenswertes am Wege«).

Sie radeln weiter auf der Richard-Mahn-Straße, dann links in die Rainbühlgasse und schließlich die Hintersteiner Straße hinaus zur Zufahrtsstraße ins Hintersteiner Tal. Nach Überquerung der Straße geht es am Westufer der Ostrach nach **Bruck.**

Sie erreichen eine mäßig befahrene Straße, die Sie bei schönen Ausblicken auf Hänge und Gipfel (u.a. Älpelekopf, 2034 m) und noch ohne kräftige Steigungen nach **Hinterstein** führt, wo es an der Kirche rechts weitergeht.

Nun radeln Sie am Kutschenmuseum (täglich 8 – 20 Uhr geöffnet) und an bunten Almwiesen vorbei rund 2 km genußvoll nach Südosten, bevor es ernst wird: Die jetzt autofreie Straße beginnt nun stärker anzusteigen.

Sie passieren erst das **Haus der Konstanzer Jäger**, dann ein Elektrizitätswerk über der Ostrachklamm und erreichen nach 11 km schließlich ihren vorläufigen Scheitelpunkt. Gut 1,5 km Steigungen liegen hinter Ihnen, davon war der letzte Kilometer ziemlich steil.

Nun haben Sie eine wunderbare Aussicht nach Süden, insbesondere auf den Giebel (1948 m) und die dahinter liegenden Wilder-Gipfel. Die Steigungen sind nicht mehr nennenswert. Vorbei an der kleinen Hubertuskapelle, treffen Sie bei schöner Gebirgssicht am Ziel der Tour, dem **Giebelhaus**, ein.

▶▶Abstecher zur Pointhütte im Bärgündeletal (7 km)

Hin und zurück sind es 7 km, auf der Hinfahrt verbunden mit gut 2 km stärkerem Anstieg. Wer das nicht scheut, wird mit einem imposanten Talschluß belohnt. Rundherum beeindruckende Felsmassive, wie der Hochvogel (2592 m) und die Wilderspitzen (2379 m). Eine einsame und erhabene Gebirgsregion.

▶▶Abschnitt Giebelhaus – Hindelang (14,5 km)

Zurück nach Hindelang auf dem gleichen Weg erleben Sie die Landschaft aus einem veränderten Blickwinkel.

Was Sie vorher mühsam hinauftreten bzw. -schieben mußten, das sind jetzt Abfahrten: 4 km am Stück saust das Rad hinunter, bevor Sie den Bergort Hinterstein erreichen und bald wieder am Ausgangspunkt der Tour in Hindelang sind.

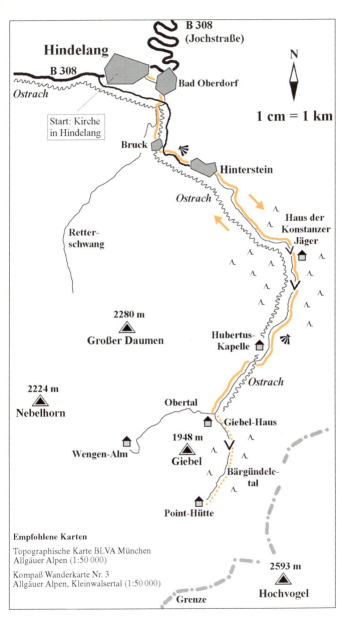

R 30

Südlichster Rad-kurs Deutschlands

▷ **Streckenlänge**
  36 km
▷ **Reine Fahrzeit**
  3,5 Std.
▷ **Anforderung**
  mittelschwer (III)

Tourencharakter

Bei dieser mittelschweren Tour radeln Sie mitten ins Hochgebirge: Von Oberstdorf aus durchs Stillachtal, dann auf Höhe von Einödsbach ins Rappenalpental abbiegen. Ziel ist die Untere Biber-Alpe in einem abgelegenen Talkessel.

Faszinierende Berglandschaft und Ausblicke begleiten Sie auf der südlichsten Radstrecke Deutschlands. Besonders genußvoll ist die Rückfahrt.

Wege	10 km Schotterwege, sonst asphaltierte Wege und Straßen
Verkehr	Bis zur Fellhornbahn reger Verkehr mit Radweg, sonst vereinzelt Anliegerverkehr
Steigungen	5,5 km, davon 2,5 km Schiebestrecke
Abfahrten	11 km
Höhenunterschied	500 m
Kritische Stellen	Auf der Rückfahrt Richtung Oberstdorf steile Abfahrt nach der Buchenrain-Alpe
Start	Kirche in Oberstdorf

Tips rund um die Tour

▶ **Fahrradempfehlung**

Wichtiger als der Radtyp ist eine gute Gangschaltung: Eine Ketten- oder Siebengang-Nabenschaltung ist wünschenswert.

▶ **Für Kinder**

Außerhalb von Oberstdorf gibt es auf dieser Tour keine Attraktionen für

Kinder. Auch die Streckenmerkmale (Steigungen und Abfahrten) sind leider nicht kinderfreundlich.

▶Sehenswertes am Wege
Oberstdorf: Südlichstes Dorf der Bundesrepublik und einer der führenden Kur- und Erholungsorte im Alpenraum. Daneben ein angesehenes Wintersportzentrum (3 Skischanzen, 4 Bergbahnen, Eiskunstlauf). Im Ort beachtenswert sind vor allem: *Pfarrkirche St. Johannes* mit mittelalterlichen Figuren, Passions- und Altarbildern. *Heimatmuseum* (Di–Sa 10–12 Uhr und 14–17 Uhr, So und feiertags nur bei Regenwetter) in einem fast 400 Jahre alten Bauernhaus. Es enthält 30 Räume mit Wohnkultur, Werkstätten (u.a. der größte Schuh der Welt), natur- und volkskundliche Abteilungen, eine Ski-Sammlung und anderes mehr.

Am südlichen Ortsrand (Lorettostraße) die drei **Lorettokapellen**: *Appach-Kapelle* mit Fresken (16. Jh.) und Figuren (1480/1600); *Lorettokapelle* mit feinem Stuck und einem der schönsten Allgäuer Rokokoaltäre (Anton Sturm), darauf Gnadenbild (1600); *Josefskapelle* mit sehenswerten Altären und einem Palmesel von Franz Xaver Schmädl (1729).

▶Einkehr
Oberstdorf: Hotel-Gasthof Adler (Di), Terrasse
Hotel-Gasthof Traube (Mo), Biergarten
Birgsau: Alpengasthof Birgsau (Fr), Terrasse/Garten
Rappenalpental: Breitengern-Alpe und Rappen-Alpe (kleine Speisekarte)

▶Baden
Moorbad am Moorweiher in Oberstdorf
Strandbad am Freibergsee (oberhalb der Straße ins Stillachtal)

▶Abstecher
Fahrt ins benachbarte Kleinwalsertal; Besuch der Breitachklamm (besonders schöne Felsschlucht); Auffahrt zum Nebelhorn (2224 m, prachtvolle Rundsicht) oder zum Fellhorn (2038 m, ebenfalls großartiger Weitblick).

Streckenbeschreibung

▶▶Abschnitt Oberstdorf – Untere Biber-Alpe (18 km)
Sie verlassen Oberstdorf auf der Prinzenstraße in Südrichtung, passie-

ren nach gut 1 km die Loretto-Kapellen und wählen 300 m danach an der Gabelung die linke Abzweigung. Das Sträßchen geht in einen Schotterweg über und führt nach der Kreuzung mit einer Teerstraße an die Zufahrtsstraße zur Fellhornbahn. Schräg links gegenüber die Brücke über die Stillach, vor der Sie dem links abgehenden Schotterweg entlang der Stillach folgen. 3,5 km weiter haben Sie die Talstation der **Fellhornbahn** erreicht.

Nun geht es mit schönen Ausblicken, u.a. auf die fast 2600 m hohe Trettachspitze, weiter hinaus ins Stillachtal. Nach Birgsau folgt eine Gabelung, deren linke Abzweigung nach Einödsbach und deren rechte in das Rappenalpental führt. Folgen Sie dem rechten Weg, und beginnen Sie nach Überquerung der Stillach mit dem Aufstieg zur Buchenrain-Alpe. 1,5 km Steigungen liegen vor Ihnen, davon sind zwei Drittel ziemlich steil. Nach dieser Konditionsprobe geht es mit herrlichem Blick auf die Trettachspitze weiter, zunächst in gemäßigtem Auf und Ab bis zur links am Hang liegenden **Breitengern-Alpe**.

Eine Brotzeit dort verhilft Ihnen zu neuer Kraft, mit der Sie bei schönen Ausblicken die letzten 4 km angehen. Die Hälfte dieser Strecke sind immerhin noch leichte bis mittlere Steigungen.

An der Rappen-Alpe eine letzte Gelegenheit vor dem Ziel, sich mit Getränken zu versorgen. Dann kommen Sie noch an einem Lastenlift vorbei und erreichen schließlich die **Untere Biber-Alpe**, den Wendepunkt dieses hochalpinen Radausflugs. Die Hütte selbst ist nicht erwähnenswert, wohl aber der Talschluß: Sie befinden sich in einer (fast) menschenleeren und urwüchsigen Bergregion, die von einer Reihe mächtiger Gipfel umgeben ist, u.a.dem Geißhorn (2360 m), dem Biberkopf (2600 m) und der Trettachspitze.

▶▶Abschnitt Untere Biber-Alpe – Oberstdorf (18 km)

Auf der Rückfahrt nach Oberstdorf läuft das Rad bis auf einige kurze Gegenanstiege von allein, was Ihnen Gelegenheit gibt, dieses schöne Gebirgstal noch von anderer Seite zu bewundern. Vorsicht jedoch bei der steilen Abfahrt nach der Buchenrain-Alpe – nicht nur wegen ihres erheblichen Gefälles, sondern auch wegen der Gefahr, in einer der vielen Kurven unvermittelt mit einer Wandergruppe zusammenzustoßen. Die restlichen 10 km ab der Zufahrt nach Einödsbach bis Oberstdorf bieten Genußradeln pur: reizvolle Landschaft, weite Aussicht und nur mäßiges Gefälle. Zweifellos eine Supertour und ein würdiger Abschluß der Radtouren dieses Buches.

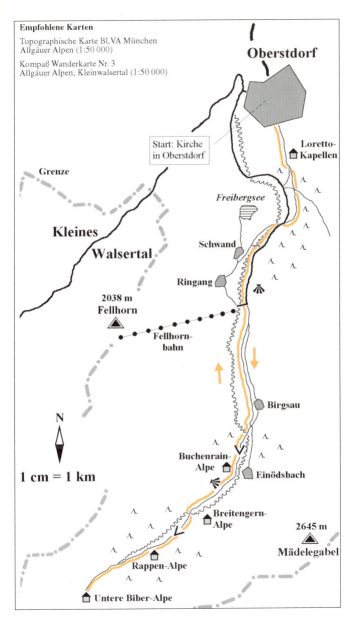

W31

Gebirgspanorama am Gotzenplateau

▷ Streckenlänge
20 km
▷ Reine Gehzeit
9 Std.
▷ Anforderung
sehr anstrengend (IV)

Tourencharakter

Diese mit über 20 km Streckenlänge und gut 1200 Höhenmetern sehr anstrengende Wanderung führt über Königsbach- und Gotzental-Alm auf das Gotzen-Plateau mit tollem Gebirgspanorama. Nur ein Katzensprung entfernt der Feuerpalven, einer der spektakulärsten Aussichtspunkte der Bayerischen Alpen: im Blick die berühmte Watzmann-Ostwand und in 1100 m Tiefe der Königssee.

Wege	Forst- und Bergwege, z.T. etwas schmäler, aber durchwegs gut begehbar
Verkehr	Auf der Forststraße zur Gotzen-Alm einzelne Alm-Fahrzeuge, sonst verkehrsfrei
Höhenmeter	Hinweg 940 m aufwärts und 310 m abwärts; Rückweg 310 m aufwärts und 940 m abwärts
Höhenunterschied	590 m
Kritische Stellen	Keine
Start	Parkplatz Hinterbrand

Tips rund um die Tour

▶ Für Kinder

Diese Wanderung ist mit ihren 9 Stunden Gehzeit für Kinder zu anstrengend.

▶ **Sehenswertes am Wege**
Berchtesgaden: Kurzbeschreibung in Tour R 1.
Königssee: Besonders reizvoll gelegen, deshalb oft als schönster Gebirgssee Bayerns bezeichnet: 20 km Umfang und bis zu 190 m Tiefe (neben dem Walchensee tiefster See Oberbayerns). Berühmt am See sind vor allem der Malerwinkel und St. Bartholomä mit seiner Kirche am Fuße der Watzmann-Ostwand (2713 m).
▶ **Einkehr**
Jenner-Mittelstation: Gasthaus mit Selbstbedienung
Königsbach- und Gotzen-Alm (kein Ruhetag), Tische im Freien
▶ **Baden**
Beheiztes Schornbad in Schönau; Strandbad am Königssee
▶ **Abstecher**
Auffahrt zum Jenner (1802 m), Rundfahrt auf dem Königssee

Streckenbeschreibung

Für diese Wanderung benötigen Sie etwa 9 Stunden: 5 Std. für den Hin- und 4 Std. für den Rückweg. An der Informationstafel »Nationalpark Berchtesgaden« geht der Weg 497 Richtung Gotzen-Alm ab. Ihm folgen Sie auf den nächsten 4 km. Nach 600 m mäßigem Anstieg eine Forststraße und 500 m danach die **Mittelstation** der Jennerbahn.
Im weiteren Verlauf herrliche Ausblicke auf Berchtesgaden und sein imposantes »Westpanorama«, also Watzmann, Hochkalter und Reiter-Alpe. 3 km nach der Jennerbahn ein Forststräßchen, wo Sie zur Route 493 (Gotzen-Alm über Gotzental-Alm) überwechseln. Rechts geht es zur **Königsbach-Alm** hinunter. Drunten halten Sie sich an der Forststraße links und folgen nach 30 m dem Weg 493 halblinks hoch. Er bietet stellenweise herrliche Aussicht auf die Watzmann-Ostwand und führt nach knapp 2 km erneut an die Forststraße nahe der **Gotzental-Alm**.
Hier geht es nun links ab und für 2 km steil und etwas eintönig auf der Forststraße nach oben. Dann ein kurzes Flachstück, wo auch der Alternativweg über die Priesberg-Alm einmündet. Anschließend noch einmal 2 km sehr steil aufwärts, weiter oben mit zunehmend schöner Aussicht. Nach gut 10 km sind Sie an der **Gotzen-Alm.** Sie stehen auf einem Hochplateau, umgeben von Felsmassiven und mächtigen Berggestalten: Watzmann, Steinernes Meer, Funtenseetauern sowie Hochkönig und Teufelshörner, allesamt zwischen 2000 m und 3000 m hoch.

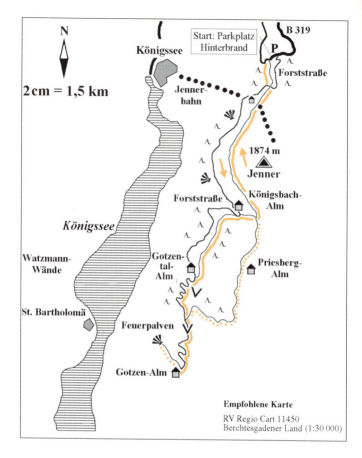

▶▶ Aussichtspunkt Feuerpalven

Dieser Aussichtspunkt liegt ca. 600 m nordwestl. der Gotzen-Alm (15 Min. Gehzeit) und ist eine kleine Aussichtskanzel am Steilhang des Königssees. Der Ausblick ist einzigartig: gegenüber die berühmte Watzmann-Ostwand, höchste Felswand der Ostalpen, und 1100 m tiefer der Königssee mit St. Bartholomä.

Rückweg: Zwei Routen kommen in Betracht: Entweder über die Priesberg-Alm (siehe Skizze), hier ist stellenweise Trittsicherheit notwendig, oder auf gleichem Weg wie beim Aufstieg. Die Forststraße ab Königsbach-Alm ist weniger empfehlenswert.

Zwischen Watzmann und Hochkalter

Tourencharakter
Diese mittelschwere Tour mit 800 m Höhenunterschied führt aus dem Tal der Ramsauer Ache durch die Wimbachklamm tief in das wildromantische Wimbachtal, passiert dabei das Wimbachschloß und endet an der Wimbachgries-Hütte. Flankiert wird der Weg von der Watzmann-Westfront und dem Hochkalter-Massiv, die zusammen mit den Palfenhörnern herrliche Gebirgsbilder abgeben.

▷ Streckenlänge
18 km
▷ Reine Gehzeit
5,5 Std.
▷ Anforderung
mittelschwer (III)

Wege	Durchgehend geschottertes Forststräßchen, problemlos zu begehen
Verkehr	Verkehrsfreie Strecke ab Wimbach-Lehen (Auch für Fahrräder gesperrt!)
Höhenmeter	Hinweg 750 m aufwärts und 30 m abwärts; Rückweg 30 m aufwärts und 750 m abwärts
Höhenunterschied	690 m
Kritische Stellen	Keine
Start	Parkplatz Wimbachbrücke

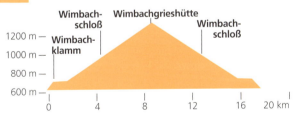

Tips rund um die Tour

▶ Für Kinder
Bis auf die Wimbachklamm bietet diese Tour wenig Anreize für Kinder und fordert doch einen relativ langen Weg: Für größere Kinder jedoch schon geeignet.

▶ **Sehenswertes am Wege**
Ramsau: Kurzbeschreibung siehe Tour R 2.
Wimbachtal: Markanter Einschnitt zwischen Watzmann und Hochkalter. Länge bis Wimbachgrieshütte knapp 9 km. Auf den ersten 2,5 km fließt der Wimbach an der Oberfläche, dann verschwindet er im Untergrund. Der Talgrund wird von einem breiten und 7 km langen Schuttstrom ausgefüllt. Nur bei starken Regenfällen gelangt das Wasser noch an die Oberfläche. Beiderseits des Tals imposante Felsformationen und Steilwände.
Wimbachklamm: 500 m lange Felsschlucht am Eingang zum Wimbachtal, in der das Wasser des Wimbachs über die steilgestellten Kalkplatten in die Tiefe stürzt. Vorübergehend gesperrt.
Wimbachschloß: Erbaut 1784 vom Fürstprobst Freiherr von Schroffenberg. Das einfache Jagdhaus wurde später auch von den Wittelsbachern genutzt. Heute Gasthaus.
▶ **Einkehr**
Wimbachtal: Gasthof Wimbachklamm (Di), Terrasse
Hotel-Café Hocheck (Mi), Terrasse
Wimbachschloß (kein Ruhetag), Terrasse
Wimbachgrieshütte (kein Ruhetag), Terrasse
▶ **Baden**
Keine Bademöglichkeit an oder nahe der Strecke
▶ **Abstecher**
Ramsau, Zauberwald und Hintersee

Streckenbeschreibung

Eine genaue Wegbeschreibung erübrigt sich, weil Sie sich fast nicht verlaufen können: Der Weg 421 ist mit »Wimbachschloß« und »Wimbachgrieshütte« ausgeschildert. Er beginnt am Parkplatz Wimbachbrücke in Südrichtung. Der Hinweg dauert drei Stunden, der Rückweg 2,5 Stunden.
Nach 1 km Steilanstieg können Sie wählen: entweder durch die Wimbachklamm oder oberhalb auf dem Forststräßchen weiter. Beide Wege treffen kurz danach wieder zusammen. Im weiteren steigt die Strecke nur noch leicht bis mäßig an und bietet immer wieder großartige Ausblicke, vor allem auf Watzmann und Hochkalter, aber auch auf die im Süden stehenden Felsmassive. Nach 4 km erreichen Sie das reizvoll gelegene **Wimbachschloß**.

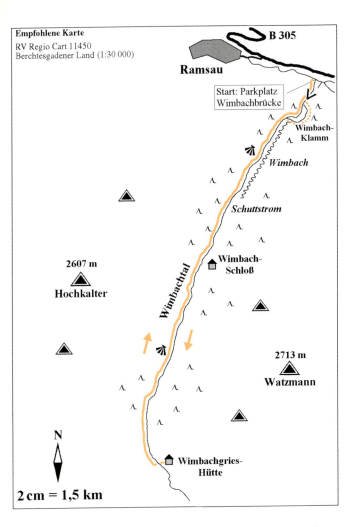

Weiter geht es – leicht bis mäßig ansteigend – am Schuttstrom entlang, z. T. durch Latschenkulturen. Auch auf diesem Abschnitt prächtige Rundblicke auf die umliegenden Gebirgsstöcke. Dann treffen Sie an der **Wimbachgrieshütte** ein. Der dortige Talschluß ist nicht minder eindrucksvoll. Eine Brotzeit wirkt Wunder – mit frischer Kraft und neuem Mut treten Sie den Rückweg an.

W 33

Auf der Winklmoos-Alm

▷ Streckenlänge
10 km
▷ Reine Gehzeit
3 Std.
▷ Anforderung
leicht (I)

Tourencharakter
Diese leichte Wanderung führt zuerst durch Wald unterschiedlich steil nach oben, geht nach gut 2 km in eine Forststraße über und mündet schließlich in die Auffahrtsstraße. Während sich unterwegs wenige Höhepunkte zeigen, ist die Winklmoos-Alm mit ihrer reizvollen Landschaft und den schönen Ausblicken allemal einen Besuch wert. Zurück geht es durch den Schwarzlofergraben.

Wege	Gut begehbare Forstwege, kurz vor der Winklmoos-Alm asphaltierte Straße
Verkehr	Bis auf das kurze Stück vor der Alm ist die Strecke durchgehend verkehrsfrei.
Höhenmeter	Hinweg 420 m aufwärts und 20 m abwärts; Rückweg 30 m aufwärts und 430 m abwärts
Höhenunterschied	390 m
Kritische Stellen	Keine
Start	Parkplatz Seegatterl

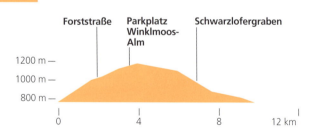

Tips rund um die Tour

▶ Für Kinder
Die Tour selbst bietet wenig Abwechslung. Doch beim Abstecher nach Reit im Winkl locken Spielzeugmuseum und beheiztes Freibad.

▶ **Sehenswertes am Wege**
Winklmoos-Alm: 1180 m hoch gelegen. Durch die Erfolge der ehemals dort ansässigen Olympiasiegerin Rosi Mittermaier eine der bekanntesten deutschen Bergalmen. Im Sommer stark besuchtes Ausflugsgebiet, im Winter beliebtes Skigebiet. Die Winklmoos-Alm liegt auf einem Hochplateau, das von bewaldeten Höhenrücken und Bergkuppen (u. a. Steinplatte und Dürrnbachhorn) umgeben ist. Spektakulärstes Motiv sind die im Süden stehenden Felswände der Loferer Steinberge. Auf dem Hochplateau selber eine Reihe von Almhängen mit bewohnten Häusern und kleinen Almhütten. Zu finden sind auch einige Lifte und mehrere Gasthöfe.
▶ **Einkehr**
Seegatterl: Alpenhof Seegatterl (Mo), Biergarten und Terrasse
Winklmoos-Alm: Alpengasthof Winklmoos-Alm (Fr), Terrasse
Alpengasthof Augustiner (Mo), Terrasse
▶ **Baden**
Beheiztes Freibad in Reit im Winkl (Abstecher)
▶ **Abstecher**
Auffahrt zum Dürrnbachhorn (1770 m, schöne Aussicht); Reit im Winkl (beheiztes Freibad, Heimat- und Spielzeugmuseum).

Streckenbeschreibung

An der Südseite des Alpenhofs Seegatterl führt eine Forststraße zum Campingplatz und weiter entlang des Dürrnbachs (Trockenbett). Nach 500 m eine Brücke, danach rechts auf den Waldweg 111 Richtung Winklmoos-Alm/Dürrnbachhorn.
Der schattige Weg ist knapp 2 km lang, steigt durchgehend mäßig bis ziemlich steil an und verläuft am Hang des teilweise tief eingeschnittenen Dürrnbachs. Stellenweise ist Vorsicht geboten.
Nach Wiedereinmündung in die Forststraße geht es rechts weiter, an der nächsten Diensthütte links (Weg 111) und 400 m danach in einer Linkskurve der Forststraße geradeaus, unverändert Richtung Winklmoos-Alm (Weg 111). Dieser Waldweg mündet schließlich in die asphaltierte Auffahrtsstraße, wo es noch gut 300 m bis zum großen Parkplatz der **Winklmoos-Alm** sind.
Rückweg: Wenn Sie vom Parkplatz auf dem Klammweg nach Süden hinausgehen, kommen Sie zum Alpengasthof Augustiner mit der

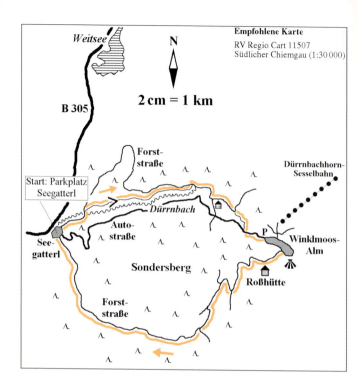

gemütlichen Aussichtsterrasse. Direkt nach dem Gasthof zweigt rechts der Almweg 14 nach Seegatterl ab. Diese Markierung ist für den Rückweg maßgebend.

Zunächst bleibt die Strecke relativ eben. Dann fällt sie stärker ab, durchläuft eine scharfe Rechtskurve und führt zu drei aufeinander folgenden Weggabelungen: Bleiben Sie an der ersten (beschilderten) Gabelung links, an der zweiten (unbeschilderten) wieder links und an der dritten (beschilderten) rechts. Hier handelt es sich um Abschnitte einer Skiabfahrt, die entsprechend steil sind.

Nach etwa 4 km fällt der Weg nur noch leicht ab. Abgesehen von einem kurzen Stück reizvoller Tallandschaft hält die Route keine besonderen Überraschungen mehr bereit. Schließlich landen Sie wieder am Parkplatz in Seegatterl.

Alternativ können Sie auch dort zurückwandern, wo Sie aufgestiegen sind. Einziger Vorteil: Der Weg ist um rund 2 km kürzer.

Im Kaisertal nach Hinterbärenbad

W34

Tourencharakter
Die mittelschwere Tour beginnt am Nordostrand von Kufstein, führt über eine Treppe ins Kaisertal und dort über die Antoniuskapelle nach Hinterbärenbad. Höhepunkt der reizvollen Berglandschaft ist der Wilde Kaiser mit herrlichen Gebirgsbildern. Wenn Sie genug Kondition haben, dann können Sie sogar noch zum Stripsenjoch hochsteigen (750 Höhenmeter, 2 Std. Gehzeit).

▷ Streckenlänge **17 km**
▷ Reine Gehzeit **5,5 Std.**
▷ Anforderung **mittelschwer (III)**

Wege	Durchgehend gute Forstwege, auf kurzen Abschnitten asphaltiert
Verkehr	Auf dem Hauptweg vereinzelt Forst- und Anliegerfahrzeuge, sonst verkehrsfrei
Höhenmeter	Hinweg 520 m aufwärts und 150 m abwärts; Rückweg 70 m aufwärts und 440 m abwärts
Höhenunterschied	380 m
Kritische Stellen	Keine
Start	Parkplatz Kaisertal

Tips rund um die Tour

▶ Für Kinder
Leider nur wenig Attraktionen für Kinder. Wegen der Länge der Tour nur für größere Kinder geeignet.

▶ **Sehenswertes am Wege**
Kufstein: Kurzbeschreibung siehe Tour R 10.
Kaisergebirge: Unter Naturschutz stehender Gebirgsstock in Nordtirol, besonders beliebt bei Wanderern und Bergsteigern. Besteht aus zwei Ketten, dem Zahmen Kaiser, höchste Erhebung dort die Pyramidenspitze (1997 m), und dem Wilden Kaiser mit der Elmauer Halt (2344 m) als höchstem Gipfel. Dazwischen Kaisertal, Stripsenjoch und Kaiserbachtal.
Kaisertal: Bis Kaisertal-Haus rund 9 km lang, Höhenunterschied gut 430 m. Gilt als eines der schönsten Gebirgstäler der Region. Neben attraktiver Landschaft werden herrliche Ausblicke auf den Wilden Kaiser geboten, so u.a. auf die Kleine Halt (2116 m), die Karlsspitze (2281 m) und das Totenkirchl (2190 m). Im Tal mehrere Gasthöfe sowie die Antoniuskapelle (Fotomotiv!).
▶ **Einkehr**
Kufstein: Heurigen-Weinstadl am Parkplatz Kaisertal (16–24 Uhr geöffnet, Mo Ruhetag), schöner Gastgarten
Kaisertal: Alpengasthof Veitenhof (Di), Terrasse
Alpengasthof Pfandlhof (kein Ruhetag) Terrasse
Anton-Karg-Haus (kein Ruhetag), Terrasse
▶ **Baden**
Keine Bademöglichkeit an der Strecke
▶ **Abstecher**
Aufstieg zum Stripsenjoch (2 Std. Gehzeit, 750 Höhenmeter)

Streckenbeschreibung

Für den Hinweg benötigen Sie 3 Std., für den Rückweg 2,5 Std. An der Info-Tafel gegenüber vom Parkplatz beginnt der Aufstieg. Zunächst sind auf rund 250 Stufen (quergelegte Holzbalken) 110 Höhenmeter zu überwinden. Dann führt der Weg ins Tal hinein, meist nur mäßig ansteigend. Zu Beginn einige schöne Blicke auf Kufstein. Sie passieren den Veitenhof, halten sich 800 m danach an der Gabelung links und erreichen den **Pfandlhof**. Die Richtungsschilder weisen auf »Hinterbärenbad / Stripsenjoch« hin.
Ab dem Pfandlhof zeigt sich auf 2 km ein überwältigendes Kaiser-Panorama. Kurz nach dem Gasthof wieder eine Gabelung, dort links Richtung Antoniuskapelle. Dieser aussichtsreiche Hangweg führt an der Kapelle vorbei zu einem stattlichen Hof. Dahinter gabelt sich der Weg

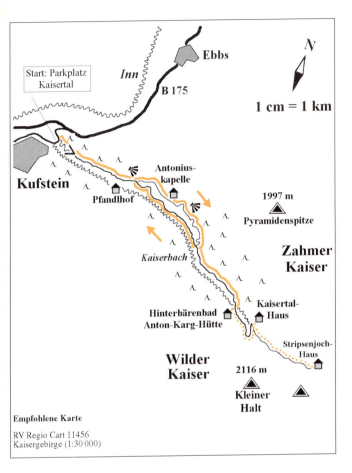

erneut. Wenn Sie rechts bleiben, erreichen Sie bald den Wald. Wählen Sie an der nächsten Gabelung noch einmal die rechte Abzweigung (Weg 22). Nach leichtem Auf und Ab bringt Sie der Waldweg an die Hangkante des tief eingeschnittenen Kaiserbachs und dann hinunter ins Tal zum Hauptweg. Bei mäßigem Anstieg verbleiben noch gut 2 km bis **Hinterbärenbad**.

Auf dem **Rückweg** wird die direkte Route (also nicht über die Antoniuskapelle) empfohlen. Sie ist um 0,5 km kürzer und bietet nach etwa 5 km noch einmal das hinreißende Kaiser-Panorama.

W35

Auf dem Tegernsee-Höhenweg

▷ **Streckenlänge**
12 km
▷ **Reine Gehzeit**
3,5 Std.
▷ **Anforderung**
leicht (I)

Tourencharakter

Diese leichte Tour beginnt in Gmund und führt auf den Osthängen des Tegernsees über den Ort Tegernsee nach Rottach-Egern. Neben der schönen Landschaft bietet diese Strecke ab und zu herrliche Ausblicke auf See und Berge. Zurück nach Gmund sollten Sie mit dem Schiff fahren. Als konditionsstarke Wanderer können Sie aber auch den See ganz umrunden (das sind zusätzliche 14 km).

Wege	Gut begehbare Schotter- und Forstwege, einige Straßenabschnitte geteert
Verkehr	Nur in den Ortschaften spürbar, die Wege am Uferhang verkehrsfrei
Höhenmeter	Hinweg 300 m aufwärts und 300 m abwärts; Rückweg mit dem Schiff
Höhenunterschied	150 m
Kritische Stellen	Keine
Start	Mangfallbrücke Ortsmitte Gmund

Tips rund um die Tour

▶ Für Kinder

Die ideale Tour für Kinder aller Altersstufen: Natur und Bewegung, Schauen und Baden – und am Schluß noch die große Schiffahrt! Und die Wanderung ist auch nicht zu lang.

▶ **Sehenswertes am Wege**
Gmund: Reizvolle Lage an der Nordspitze des Tegernsees mit schöner Aussicht nach Süden. Im Ort die ●*Kirche St. Ägidius*, ein Neubau von 1690 mit beachtlicher Ausstattung, u.a. Altarblätter von H.G. Asam und ein Holzrelief von Ignaz Günther.
Tegernsee: Kulturelles Zentrum am See. Beachtenswert vor allem die ●*Kirche St. Quirinus* (1678 barockisiert), u.a. mit üppigen Stukkaturen, Deckenfresken (H.G. Asam) und spätgotischen Grabsteinen. In den Seitenkapellen Figuren von J.B. Straub. 1824 Umgestaltung der Klosteranlage zum *Herzoglichen Schloß*.
Großer Paraplui: Rundbau und Aussichtspunkt. 1822 weilten dort die Kaiser von Rußland und Österreich sowie der bayerische König vor ihrer Weiterreise zum Kongreß nach Verona.
Rottach-Egern: Siehe Tour R 12.
▶ **Einkehr**
Gmund: Gut Kaltenbrunn (kein Ruhetag), Terrasse/Garten
Tegernsee: Hotel Bayern (kein Ruhetag), Aussichtsterrasse
Leeberghof (Mo), Aussichtsterrasse
Leeberg-Alm (kein Ruhetag), Aussichtsterrasse
Rottach-Egern: Malerwinkel (kein Ruhetag), Seeterrasse
Mesner Gütl (kein Ruhetag), Seeterrasse
▶ **Baden**
Strandbäder in Gmund, Tegernsee und Rottach-Egern

Streckenbeschreibung

Nach der Mangfallbrücke führt ein Weg zum See und dann am Ufer entlang nach Süden. Bald kommen Sie wieder zur B 307 und folgen schräg rechts gegenüber der Kurstraße, bis diese nach 1 km in ein Teersträßchen im Ortsteil Gasse einmündet. Nun rechts und bei anhaltend schöner Aussicht nach **Unterbuchberg.**
Mitten im Gehöft lenkt ein Schild »Höhenweg Tegernsee« nach links hinauf. Im leichten Auf und Ab erreichen Sie erneut eine Gebäudegruppe, folgen stets dem »Höhenweg Tegernsee« und gelangen nach 1,5 km an eine Gabelung. Links bringt Sie der Weg zum Hotel Bayern, auf dessen Terrasse sich eine großartige Aussicht bietet. Direkt am Hotel führt ein Schotterweg nach Süden hinunter und über Klosterwacht- und Bahnhofstraße zum Steinmetzplatz in **Tegernsee**.

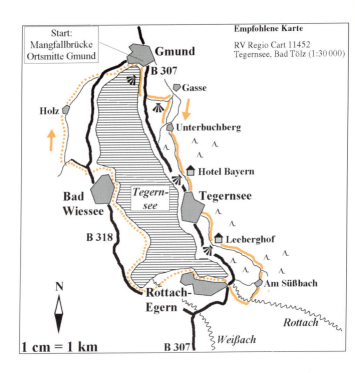

Dort folgen Sie der Lärchenwaldstraße und dem »Höhenweg über Großen Paraplui und Leeberghof nach Rottach«. Wenig später zwei Weggabelungen im Wald. Bleiben Sie an der ersten rechts und an der zweiten links, dann kommen Sie zum Stieler-Denkmal (Aussicht!).

150 m danach links ab auf den »Leeberg-Höhenweg«. Der Anstieg ist kurz, dann erreichen Sie den Aussichtspunkt Großer Paraplui. Direkt danach geht es rechts hoch und in der Folge den Schildern »Höhenweg« und »Leeberghof« nach. So landen Sie beim **Leeberghof** mit seiner herrlichen Aussicht. Weiter geht es auf dem schmalen Bergweg nach Osten, vorbei an der Leeberg-Alrn und 1,3 km danach an eine Wegegabelung im Wald: Hier rechts hinunter (Richtung Schwaighof/Rottach) zum Ortsteil »**Am Süßbach**«, wo Sie auf der Südseite des Parkplatzes dem halblinks abgehenden Schotterweg nachgehen. Mit Blick auf den mächtigen Stock des Wallbergs sind Sie bald darauf an der Tuftenstraße und schließlich an der Rottach. Auf ihrer Südseite führt ein Dammweg nach **Rottach-Egern**.

Prachtaussicht vom Jochberggipfel

W 36

Tourencharakter
Die mittelschwere Tour verläuft von Jachenau über die Vorberge östlich des Walchensees zum Jochberg. Während der Weg selber nicht so spektakulär ist, zeigt sich auf dem Jochberg ein »Doppelpanorama« von besonderer Schönheit: nach Süden hin der Blick Richtung Zentralalpen sowie auf Karwendel- und Wettersteingebirge, nach Norden das Alpenvorland mit seinen großen Seen.

▷ Streckenlänge **16 km**
▷ Reine Gehzeit **5,5 Std.**
▷ Anforderung **mittelschwer (III)**

Wege	Bis Berg Teerstraße, auf dem Rest der Strecke gut begehbare Forst- und Bergwege
Verkehr	Bis Berg Anliegerverkehr, dann verkehrsfrei
Höhenmeter	Hinweg 860 m aufwärts und 30 m abwärts; Rückweg 20 m aufwärts und 850 m abwärts
Höhenunterschied	780 m
Kritische Stellen	Schmaler Weg am Steilhang zwischen Fieberkapelle und Forststraße (Trittsicherheit erforderlich)
Start	Ortsmitte Jachenau

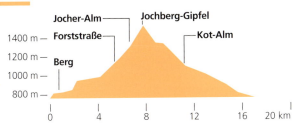

Tips rund um die Tour

▶ **Für Kinder**

Die Aussicht auf dem Jochberg reizt auch Kinder. Sonst gibt es für sie leider kaum Attraktionen.

▶**Sehenswertes am Wege**
Jachenau: Landschaftlich reizvolles Hochtal entlang des Jachen. Beliebte Region für Wanderungen (u.a. zur Benediktenwand, 1801 m) und im Winter für Skilanglauf. Im Ort Jachenau steht die im Kern mittelalterliche *Kirche St. Nikolaus* mit Wessobrunner Stuck, Deckengemälden und Altaranlage des 18. Jh.
▶**Einkehr**
Jachenau: Gasthof Zur Post (Mo), Biergarten
Gasthof Jachenau (Di), Terrasse
Jochberg: Jocher-Alm (kein Ruhetag), Terrasse
▶**Baden**
Keine Bademöglichkeit an der Strecke
▶**Abstecher**
Besuch am Walchensee

Streckenbeschreibung

Von den verschiedenen Jochberg-Routen wird hier der seltener begangene Weg JO2 von Jachenau über Berg (3 Std.) vorgeschlagen.
Gegenüber vom Gasthaus Zur Post in Jachenau geht ein Teersträßchen ab und führt in einem stillen Hochtal bei schönen Aus- und Rückblicken nach Berg. Hier endet die Teerstraße und geht in einen Feldweg über, der weiter in Westrichtung verläuft. 500 m nach Berg eine Gabelung, wo Sie rechts weitergehen. Der Weg tritt in den Wald ein und steigt nun leicht bis mäßig an. Wieder 800 m weiter eine große Gabelung, an der Sie zunächst noch links bleiben und erst 30 m danach (rund 200 m *vor* der kleinen **Fieberkapelle**) rechts auf den Bergweg (Schild »Jochberg« und roter Markierungspunkt) abbiegen.
Der Weg ist schmal, steinig und verwurzelt und führt relativ steil nach oben. Dann folgt ein 1,5 km langes und ziemlich flaches Stück am Steilhang entlang. Wer nicht schwindelfrei ist, muß hier an manchen Stellen etwas aufpassen. Zweimal haben Sie übrigens eine wunderschöne Aussicht auf den Walchensee und das Karwendelgebirge.
Nachdem Sie sich an einer Gabelung rechts (»Jochberg«) gehalten haben, erreichen Sie die **Forststraße**, biegen dort links ab und treffen nach Steilanstieg gut 1 km weiter an der **Jocher-Alm** ein.
Hier beginnt der Schlußspurt zum Jochberg. Er führt bei herrlichen Ausblicken zunächst 500 m in Nordwestrichtung hinauf und knickt dann

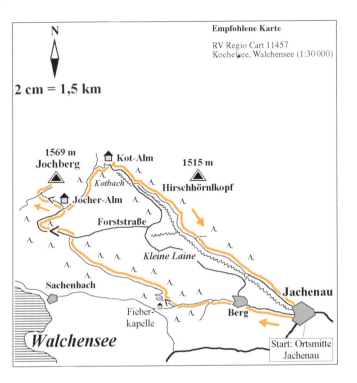

rechts zum **Gipfel** ab. Nach weiteren 400 m sind Sie oben und können nun die phantastische Aussicht bewundern.

Der **Rückweg** (2,5 Std.) verläuft zunächst wieder zur Jocher-Alm. Dann nutzen Sie eine andere Route, die unter der Bezeichnung JO1 nach Nordosten abgeht und über die Kot-Alm nach Jachenau zurückführt. Haben Sie eine reizvolle Wiesensenke durchquert, beginnt ein längerer und zum Teil ziemlich steiler, serpentinenartiger Abstieg in das reizvolle Kotbachtal zur **Kot-Alm**.

Dort geht es nun Richtung Jachenau weiter, zunächst auf der Forststraße, 700 m nach der Kot-Alm dann aber links hinunter auf einen Fußweg entlang des Kotbachs. Dies ist ein landschaftlich besonders reizvolles Teilstück. 2 km weiter dann ein Wildfütterungsplatz und die Einmündung in ein Forststräßchen, das Sie nach **Jachenau** zurückbringt. Kurz vor dem Ort übrigens schöne Aus- und Rückblicke, u.a. auf Jochberg und Hirschhörnlkopf.

W 37

Mit Wetterstein-Blick durchs Loisachtal

▷ Streckenlänge
13 km
▷ Reine Gehzeit
4 Std.
▷ Anforderung
leicht (I)

Tourencharakter
Diese leichte Wanderung – oder besser ausgedehnte Spaziergang – führt Sie von Oberau durch das landschaftlich reizvolle Loisachtal nach Farchant und weiter über einen aussichtsreichen Hangweg bis auf Höhe von Burgrain. Zurück geht es entlang der Loisach. Ein wunderschönes Gebirgspanorama mit Zugspitze und anderen Wettersteingipfeln begleitet Sie auf dem ganzen Hinweg.

Wege	Zur Hälfte Teer- und Schotterwege, alle gut zu begehen
Verkehr	Schwacher Verkehr in Oberau und Farchant, sonst verkehrsfrei
Höhenmeter	Hinweg 80 m aufwärts und 60 m abwärts; Rückweg 20 m aufwärts und 40 m abwärts
Höhenunterschied	70 m
Kritische Stellen	Keine
Start	Bahnhof in Oberau

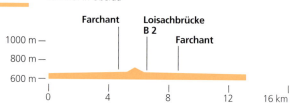

Tips rund um die Tour

▶Für Kinder
Alle Streckenmerkmale sind kindergerecht. Das Warmfreibad in Farchant lockt zusätzlich.

▶Sehenswertes am Wege
Oberes Loisachtal: Dieser Wanderabschnitt ist landschaftlich besonders ansprechend. Der Talgrund ist eben und stellenweise bewaldet.

Parkartiges Wiesengelände beiderseits der Loisach. Besondere Attraktion der Gegend ist das im Süden stehende **Wetterstein-Panorama**: Beim Radeln oder Wandern Richtung Garmisch-Partenkirchen ist es ständig zu sehen und bildet mit seiner weißgrauen Steinfront einen faszinierenden Kontrast zum Grün des Loisachtals. Zu sehen sind rechts die steil nach Westen abfallende Zugspitze, links davor die Waxenstein-Gipfel und dann der Einschnitt des Höllentals, an das sich der pyramidenförmige Stock der Alpspitze anschließt.

▶**Einkehr**
Farchant: Föhrenhof (Mo), Terrasse
Gasthof Alter Wirt (kein Ruhetag), Biergarten
▶**Baden**
Oberau: Freibad; Farchant: Warmfreibad
▶**Abstecher**
St.-Georgs-Kapelle auf dem »Kirchbühel« in Oberau (um 1660 barockisiert mit sehenswerter Ausstattung)

Streckenbeschreibung

Erstes Ziel ist die Loisachbrücke, rund 500 m südlich des Oberauer Bahnhofs. Nach Überquerung der Loisach folgen Sie gleich rechts dem Sträßchen Richtung Farchant. Es ist verkehrsfrei und führt mitten durch das Loisachtal.

Bald taucht die eindrucksvolle Gebirgskulisse im Süden auf, die Sie dann bis auf weiteres begleitet. Nach knapp 2 km überqueren Sie einen Seitenarm der Loisach und erreichen bei unverändert schöner Aussicht nach weiteren 2 km den Nordrand von **Farchant.** Auf der Frickenstraße kommen Sie zur Mühldörflstraße.

Hier wenden Sie sich nach links und gehen auf der Esterbergstraße hinaus. Bald folgt eine Gabelung, dort links Richtung Warmfreibad und wieder 150 m danach ein links abgehender Schotterweg und eine Gabelung: Hier wählen Sie den rechts hochführenden »Philosophenweg«. Der folgende Abschnitt beschert Ihnen die einzige nennenswerte Steigung der Tour und eine kurze Waldpassage, danach aber auch ein überwältigendes Gebirgsbild Richtung Garmisch-Partenkirchen. Nach leichtem Gefälle treffen Sie auf die Rechtsabzweigung »Bushaltestelle Burgrain«. Folgen Sie ihr, dann kommen Sie zur großen Straßen- und Loisachbrücke auf Höhe von **Burgrain**.

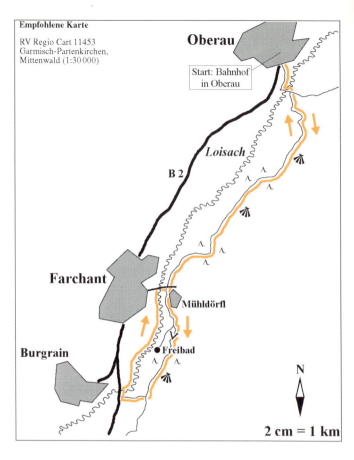

Nach der Überquerung der Brücke geht es gleich wieder rechts hinunter und am Westufer der Loisach nach Farchant zurück. Der verbleibende Rückweg nach Oberau ist mit dem Hinweg identisch.

Alternativ kann auch der weniger attraktive und deshalb auch seltener begangene Weg am Westufer der Loisach gewählt werden.

Wenn Sie diese Tour nicht genügend fordert, können Sie an der Abzweigung »Bushaltestelle Burgrain« auf dem »Philosophenweg« weiter nach Garmisch-Partenkirchen wandern (ca. 2,5 km). Zwei lohnende Ziele erwarten Sie: die Talstation der Wankbahn und die Wallfahrtskirche St. Anton mit ihrem berühmten Deckengemälde.

Oberammergau aus der Vogelperspektive

Tourencharakter

Schauplatz dieser leichten Wanderung ist das Ammertal zwischen Ober- und Unterammergau. Die Strecke ist relativ kurz. Der Rückweg hat einen 2 km langen, nicht sonderlich anstrengenden Aufstieg. Dafür bietet dieser Hangweg über die Romanshöhe eine wunderbare Aussicht: im Blick das Ammertal, Oberammergau und die dahinter stehenden Berge wie Kofel und Notkarspitze.

▷ Streckenlänge
10 km
▷ Reine Gehzeit
3 Std.
▷ Anforderung
leicht (I)

Wege	In den Ortschaften Teerstraßen, außerhalb gut begehbare Schotter- und Forstwege
Verkehr	Bis auf das Stadtgebiet von Ober- und Unterammergau verkehrsfrei
Höhenmeter	Hinweg 10 m aufwärts und 10 m abwärts; Rückweg 190 m aufwärts und 190 m abwärts
Höhenunterschied	160 m
Kritische Stellen	Keine
Start	Dorfplatz Oberammergau

Tips rund um die Tour

▶ Für Kinder

Die Streckenmerkmale sind auch für Kinder geeignet. Besondere Attraktionen sind das Wellenberg-Bad in Oberammergau (mit Wasserrutschen) und das Alpenbad.

▶ **Sehenswertes am Wege**
Oberammergau: Seine reizvolle Lage im Ammertal und sein schönes Ortsbild machen Oberammergau zu einem der anziehendsten Dörfer im ganzen bayerischen Alpenraum. Berühmt ist es durch sein *Schnitzhandwerk* (Herrgottschnitzer) und durch *Passionsspiele*, die seit 1634 alle zehn Jahre von einheimischen Laienspielern aufgeführt werden. Sehenswert sind u.a. ●*Kirche St. Peter und Paul*, 1742 von J. Schmuzer neuerbaut, mit schönen Stukkaturen und Deckengemälden sowie Altären mit reichem Figurenschmuck. Viele Häuser aus dem 17. bis 19. Jh. mit »Lüftlmalereien« vor allem von Franz Zwinck, so das *Pilatushaus*. Das *Heimatmuseum* (im Sommer täglich offen) zeigt u.a. Schnitzwerke (z.B. Weihnachtskrippe) und eine umfassende Sammlung an Hinterglasbildern.
▶ **Einkehr**
Oberammergau: Hotel Alte Post (kein Ruhetag), Tische im Freien
Hotel Wolf (kein Ruhetag), Tische im Freien
Hotel Böld (kein Ruhetag), Terrasse
Romanshöhe: Berggasthaus Romanshöhe (Mo), Aussichtsterrasse
▶ **Baden**
Wellenberg in Oberammergau (mit Wasserrutschen)
▶ **Abstecher**
Besuch im Alpenbad Wellenberg; Auffahrt zum Laberberg

Streckenbeschreibung

Der Hinweg dauert gut 1 Std., der Rückweg bis zu 2 Std. Sie gehen zunächst die Dorfstraße und dann die Bahnhofstraße nach Westen hinaus, überqueren die Ammer und biegen gleich rechts auf den Uferweg ab. Die nächsten 500 m sind weniger ansehnlich, dann aber umfängt Sie die reizvolle Landschaft des Ammertals. Sie gehen direkt an der Ammer entlang und haben auf ganzer Strecke schöne Aus- und Rückblicke auf das malerische Tal. Nach 3 km überqueren Sie die Bahn, kommen an die B 23 und gehen rechts auf dem Schotterweg zur Ammerbrücke vor. Wenn Sie nach der Brücke wieder rechts über die Gleise schwenken, sind Sie in **Unterammergau** (Ortsteil östlich der B 23).
Von den drei hier abgehenden Sträßchen wählen Sie den Weiherweg in der Mitte (Schild »Fußweg über Romanshöhe nach Oberammergau«).

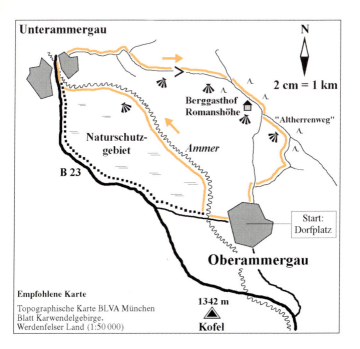

Er geht wenig später in den Feuchtenrainweg über und steigt in der Folge leicht bis mäßig, vereinzelt auch etwas stärker an. Nach 900 m eine Rechts- und 200 m weiter eine Linksabzweigung, die Sie jeweils liegenlassen. So geht es zur Romanshöhe hinauf, bald mit prächtiger Aussicht auf die Berge und das Tal: tief unten Ober- und Unterammergau, im Süden charakteristische Berggestalten des Ammergebirges, so der Kofel (1342 m), die Notkarspitze (1889 m) und der Laberberg. Ein schönes Bild, das auf ganzer Strecke erhalten bleibt.

Nach Einmündung in einen anderen Forstweg erreichen Sie das **Berggasthaus Romanshöhe.** Auf seiner Terrasse zeigt sich das »Oberammergauer Panorama« erneut in voller Schönheit.

200 m nach dem Gasthaus zweigt links der »Altherrenweg« ab, den Sie auch dann nehmen sollten, wenn Sie noch in jungen Jahren sind, denn dieser Weg läßt sich angenehm gehen und bietet schöne Aussicht. Wieder gut 500 m weiter dann eine kurze Waldpassage, nach der die Schlußetappe von rund 2 km mäßig bis ziemlich steil hinunter nach **Oberammergau** führt.

W 39
Im Höllental der Zugspitze entgegen

▷ Streckenlänge
12 km
▷ Reine Gehzeit
4,5 Std.
▷ Anforderung
mäßig anstrengend (II)

Tourencharakter
Diese mäßig anstrengende Tour führt von Hammersbach zur Höllentalklamm und weiter durch das Höllental zur Höllentalanger-Hütte. Die Höhepunkte sind der Gang durch die Felsschlucht der Höllentalklamm und das faszinierende Gebirgsbild im Talschluß, gebildet von den Felsspitzen und Steinwänden rund um die Zugspitze. Hochgebirgsatmosphäre trotz geringen Aufwandes!

Wege	Durchgehend Forst- und Bergwege, z.T. steinig, schmal und steil
Verkehr	Gesamte Strecke verkehrsfrei
Höhenmeter	Hinweg 650 m aufwärts und 10 m abwärts; Rückweg 10 m aufwärts und 650 m abwärts
Höhenunterschied	620 m
Kritische Stellen	Der Weg durch die Höllentalklamm ist meist feucht und stellenweise schlecht beleuchtet. Entsprechend vorsichtig gehen.
Start	Kapelle am Kreuzeckweg in Hammersbach

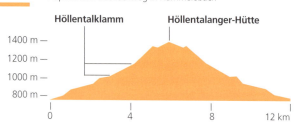

Tips rund um die Tour

▶Für Kinder
Die Höllentalklamm ist auch für Kinder faszinierend, das Zugspitzbad in Grainau ist ein Hit. Die Wanderung ist für größere Kinder geeignet.

▶ **Sehenswertes am Wege**
Höllental: Wildromantischer, direkt auf die Zugspitze zulaufender Taleinschnitt mit dem Hammersbach im Talgrund. Herrliche Ausblicke, u.a. auf Riffelköpfe, Hinterer Waxenstein und Höllentalspitzen mit Schwarzer Wand. Hinter dem Höllentalferner ist auch die Zugspitze selbst noch zu sehen.

Am Eingang zum Höllental die gut 1 km lange **Höllentalklamm**, eine Felsenge von besonderer Naturschönheit. Erschlossen 1902–05 mit zwei Brücken, zwölf Stollen und 45 m Wandstegen. Atemberaubend die 29 m lange »Eiserne Brücke«, die in 73 m Höhe die Schlucht überspannt. Der Höhenunterschied vom Eingang zum Ausgang der Klamm beträgt 150 Höhenmeter.

Bei der Ausflugsplanung sollten Sie berücksichtigen, daß der Gang durch die Schlucht während der Urlaubs- und Ferienmonate oft nur unter großem Besucherandrang möglich ist.

▶ **Einkehr**
Hammersbach: Haus Hammersbach (kein Ruhetag), Terrasse
Höllental: Höllentalanger-Hütte (kein Ruhetag), Terrasse

▶ **Baden**
Beheiztes Zugspitzbad in Grainau

▶ **Abstecher**
Auffahrt zur Zugspitze (2963 m, einmalige Alpensicht)

Streckenbeschreibung

Von der kleinen Kapelle an der Hauptstraße geht ein Forstweg nach Süden in das Tal ab. Er führt am Hammersbach entlang, ist steinig und feucht und steigt zunächst nur mäßig an. Ausblicke sind zu Beginn noch selten. Nach einem ersten Steilanstieg dann ein flacher Abschnitt, der Sie, an der Materialbahn vorbei, zu einem Holzhaus bringt. Ab hier wird der Weg wieder steiniger und steiler und schlängelt sich bei schönen Tiefblicken auf den Hammersbach zum Eingang der **Höllentalklamm** hoch.

Der Gang durch die Felsschlucht ist ein Erlebnis. Das Wasser stürzt auf 150 Höhenmetern Gefälle über Felsbrocken und Steinstufen tosend und sprühend in die Tiefe. Wichtig ist ein Nässeschutz, denn das Ganze ist eine feucht-kalte Angelegenheit.

Nach der Klamm setzt sich der steinige Weg ziemlich steil nach oben

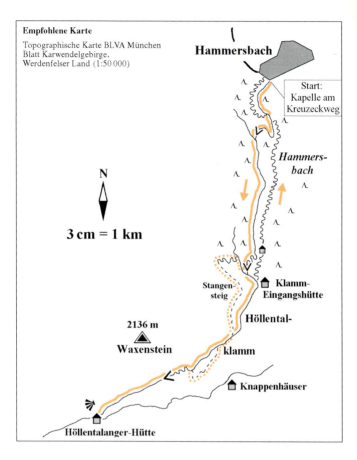

fort. Bei zunehmend schönen Ausblicken auf den Talschluß erreichen Sie schließlich die **Höllentalanger-Hütte** und können nun das schöne Gebirgsbild in Ruhe genießen.

Rückweg: Zurück gehen Sie auf gleichem Wege, aber mit verändertem Blickwinkel und damit neuen Bildern und Motiven. Wer kein zweites Mal durch die Klamm möchte, kann sie auf dem »Stangensteig« umgehen. Er zweigt kurz vor dem Südeingang nach rechts oben ab, führt über die Eiserne Brücke und trifft unterhalb der Klamm wieder auf den Hauptweg. Der Steig verlangt allerdings Trittsicherheit und Schwindelfreiheit!

W40

Streifzug durch den Königswinkel

Tourencharakter

Die mäßig anstrengende Partie verläuft durch die königlich geprägte Region rund um Hohenschwangau: Zwei malerische Bergseen, zwei weltberühmte Schlösser und eine wildromantische Felsschlucht sorgen dafür, daß keine Langeweile aufkommt. Das Ganze spielt sich in reizvoller Berglandschaft mit herrlichen Ausblicken ab. Aber während der Feriensaison ist es ziemlich voll.

▷ Streckenlänge **14 km**
▷ Reine Gehzeit **4 Std.**
▷ Anforderung **mäßig anstrengend (II)**

Wege	Bis auf kürzere Teerabschnitte alle Wege geschottert und gut begehbar; steiler und enger Aufstieg durch die Pöllatschlucht
Verkehr	Verkehr nur an wenigen Punkten, sonst durchgehend verkehrsfrei
Höhenmeter	Gesamtstrecke je 300 m auf- und abwärts
Höhenunterschied	170 m
Kritische Punkte	Weg durch die Pöllatschlucht eng und steil, aber gesichert. Vorsichtig gehen!
Start	Unterhalb von Burg Hohenschwangau

Tips rund um die Tour

▶ Für Kinder

Pöllatschlucht, Märchenschloß Neuschwanstein und die Bergseen sind auch für Kinder besondere Anziehungspunkte. Aber die vierstündige Wanderung ist für kleine Kinder zuviel: Deshalb nur für größere Kinder.

▶**Sehenswertes am Wege**
Hohenschwangau: *Burg Hohenschwangau*, 1836 im Stil eines englischen »Castle« errichtet. Quadratischer Komplex mit Ecktürmen in schöner Lage oberhalb des Alpsees. In den Räumen alte Einrichtung und Wandgemälde nach Entwürfen des Malers Moritz von Schwind. *Schloß Neuschwanstein*, 1869–86 erbautes Märchenschloß König Ludwigs II. in wildromantischer Lage über der Pöllatschlucht. Vorbild war die Wartburg. Die Räume (vor allem der Sänger- und der Thronsaal) sind mit Bildern nach Motiven von Wagner-Opern geschmückt.
Pöllatschlucht: Felsenge unterhalb von Schloß Neuschwanstein, u.a. mit Wasserfall (20 m) und zahlreichen Kaskaden. Nahe dem Schloß auch die Aussichtspunkte Marienbrücke und »Jugend«.
▶**Einkehr**
Hohenschwangau: Alpenstuben, Allgäuer Stüberl und Schloß-Restaurant (alle ohne Ruhetag), Sitzgelegenheit im Freien
▶**Baden**
Strandbäder am Alp- und am Schwansee
▶**Abstecher**
Auffahrt zum Tegelberg (1880 m, prächtige Aussicht);
Besuch in Füssen (siehe Tour R 27)

Streckenbeschreibung

Auf der Südseite des Platzes, wo alle Straßen zusammenlaufen, führt ein 500 m langer Fußweg (Sommerweg, z.T. Treppen) zur 50 m höher gelegenen **Burg Hohenschwangau**. Nach einem Rundgang geht es weiter auf der Teerstraße hinunter zur Fürstenstraße und links zum malerischen Alpsee.
Dort folgen Sie dem Uferweg Richtung Badeanstalt. Er bleibt stets in Ufernähe, bietet herrliche Blicke auf Burg Hohenschwangau und Schloß Neuschwanstein und verläuft erst auf der Gegenseite den Hang hoch zurück zur **Fürstenstraße**.
Dort biegen Sie rechts und gleich wieder links (Richtung Schwansee) ab. Nach 200 m eine Gabelung, hier bringt Sie der »Fischersteig zum Schwansee« in Serpentinen hinunter an den **Schwansee**.
Wenn Sie nun links am Ufer entlang (Aussicht!) zur Königsstraße gehen, dort rechts abbiegen und im weiteren den Schildern Richtung Altenschrofen folgen, dann treffen Sie auf einen **Parkplatz**.